平话金融丛书

中国信贷资源配置的所有制差异

Research on Ownership Differences of CREDIT RESOURCE ALLOCATION IN CHINA

王莉娜◎著

感谢北方工业大学科研启动经费项目（项目号：110051360002）为本书出版提供资助。

经济管理出版社
ECONOMY & MANAGEMENT PUBLISHING HOUSE

图书在版编目（CIP）数据

中国信贷资源配置的所有制差异/王莉娜著．—北京：经济管理出版社，2020.9
ISBN 978－7－5096－7582－3

Ⅰ.①中…　Ⅱ.①王…　Ⅲ.①信贷资产—资源配置—研究—中国　Ⅳ.①F832.4

中国版本图书馆 CIP 数据核字（2020）第 169722 号

组稿编辑：王光艳
责任编辑：王东霞
责任印制：黄章平
责任校对：董杉珊

出版发行：经济管理出版社
（北京市海淀区北蜂窝 8 号中雅大厦 A 座 11 层　100038）
网　　址：www. E－mp. com. cn
电　　话：（010）51915602
印　　刷：北京晨旭印刷厂
经　　销：新华书店
开　　本：720mm×1000mm/16
印　　张：13.5
字　　数：204 千字
版　　次：2020 年 12 月第 1 版　　2020 年 12 月第 1 次印刷
书　　号：ISBN 978－7－5096－7582－3
定　　价：68.00 元

前 言

2020年《国务院政府工作报告》强调，要“强化对稳企业的金融支持”，要“保障民营企业平等获取生产要素和政策支持，清理废除与企业性质挂钩的不合理规定”，“一定要让中小微企业贷款可获得性明显提高，一定要让综合融资成本明显下降”。近年来，我国经济增速放缓，货币供应量和企业融资规模不断扩大，但银行业在信贷资源配置过程中仍然存在显著偏好，对民营企业存在“不敢贷、不愿贷”问题。我国大量的信贷资源流向国有企业，而在国民经济中占比高、贡献大的民营企业获得的融资支持却与其经济地位严重不符。

本书对我国信贷资源配置中的所有制差异问题进行了研究，分析了我国国有企业和民营企业的发展与融资情况、中央及各级政府对民营企业融资问题的关注以及搜集并整理了前期学者的研究文献，在此基础上整理了本文研究的理论基础和相关概念，提出本文的研究重点——信贷资源配置的所有制差异问题。本文致力于解决三个问题：第一，我国信贷资源配置是否存在所有制差异。对于这一问题，前期学者并未给出一致的结论。本书认为，厘清这一问题是本书研究的基础。如果不存在信贷资源配置所有制差异，国有企业和民营企业间无显著的信贷资源配置差异，那么解决民营企业的融资难题就不应着眼于企业的产权性质问题；如果存在信贷资源配置所有制差异问题，国有企业和民营企业间存在显著的信贷资源配置差异，那么解决民营企业的融资难题就应从企业的产权性质出发，致力于消除不同产权企业在经济运行中的待遇差异，改善民营企业的发展经营环境。第二，信贷资源配置是影响实体经济资源配置的主导因素，货币政策是影响信贷资源配置的重要外生冲击。在我国，银行信贷渠道是货币政策在经济中传播的主要渠道。那么，货币政策的宽松或紧缩对信贷资源配置所有制差异会产生怎样的影响，以及如何影响宏观经济的发展？厘清这一问题有助于我国货币政策目标和工具的调整，使货币政策的调整有的放矢。第三，根据制度经济学的观点，制度会对经济产生影响甚至可能是影响经济的重要变量。我国国土面积大，不同地区之间不仅经济发展水平不均衡，制度环境也存在较大差别。不同地区的不同制度环境会对信贷资源配置的所有制差异产生怎样的影响？厘清这一问题，有助于从制度根源上理解银行差别贷款的原因，为经济金融的下一步改革提供指导方向。

为解决上述问题，本书使用我国 2007 ~ 2017 年 A 股上市公司数据进行了实证研究，研究结果表明：

第一，我国存在显著的信贷资源配置所有制差异，即国有企业和民营企业间的信贷资源配置存在显著差异，具体体现在三个层面：信贷资源配置规模差异、信贷期限结构差异、信贷融资成本差异。本书用总借款规模、长期负债比率（单位资产获取的长期借款规模）表示信贷资源规模，长期借款在总借款中的比重表示信贷期限结构，实际利息率（利息支出除以企业总负债）表示融资成本，据此实证检验国有企业和民营企业的信贷资源配置差异。结果表明，国有企业和民营企业在三个层面均存在显著差异，即相比民营企业，国有企业能够获得更多的信贷融资和更长的信贷期限，并且获得信贷资源的实际融资成本更低。

第二，宽松的货币政策使得国有企业和民营企业间信贷配置规模差异、信贷期限结构差异、信贷融资成本差异进一步加大；紧缩的货币政策使得国有企业和民营企业的信贷配置差异缩小。宽松货币政策会加剧信贷资源配置所有制差异，原因可能在于国有企业相比民营企业而言，与商业银行的关系更紧密、更近，与银行的交易不存在时滞问题。如果中央银行调整的货币政策通过信贷渠道传导时，与商业银行关系更紧密的国有企业受到的影响更大。因此，货币政策不仅具有熨平短期经济波动的功能，还具有调节信贷资源总量以及信贷资源在不同产权企业间配置结构的作用。

第三，制度环境变量对信贷资源配置所有制差异存在显著影响。政府干预、金融发展、法制化水平对信贷规模差异、信贷期限结构差异、信贷融资成本差异的影响并不相同。金融发展和法制化水平的提高可以有效改善信贷资源规模差异，而地区法制化水平的提高可以改善信贷期限结构差异；政府干预程度下降、金融发展和法制化水平的提高则可以使信贷融资成本差异得到显著改善。政府干预程度下降、金融发展和法制化水平的提高可以改善信贷资源配置所有制差异，原因可能在于随着金融发展和法制化水平的提高，银行将会更加严格地审查企业的贷款申请，制定更严格的贷款条款，严格执行贷款契约。银行将按照市场化运作的原则对经营绩效更高、成长能力更强的民营企业进行深入调查与分析，从而放松对民营企业过于苛刻的贷款条件，并且提供较长期限的贷款资源，使得国有企业和民营企业间的信贷资源配置差异得到有效的改善。

本书的创新之处在于：第一，学者们关于我国是否存在信贷资源配置所有制差异并未形成一致的结论。本文从产权的角度研究信贷资源配置问题，有助于重新审视和解决中国现阶段民营经济融资难融资贵的问题。本书从产权的角度打破信贷资源配置在国有企业与民营企业间的偏好与歧视，解决经济增长乏力问题，提高信贷资源配置效率，通过资源配置效率的提升而非资源规模的扩大促进国民经济的增长，激发经济活力，培育经济新的增长点。本书使用 2007 ~ 2017 年上市公司企业数据，对这一问题进行实证研究。数据涵盖我国的沪深主板、创业板、新三板等股票市场中的多类企业，增强了本书研究的可信度，为此类研究增添了新的证据，丰富了此类研究的文献。

第二，货币政策对企业信贷资源存在影响已有诸多研究，但这些文献主要关注货币政策对信贷资源供给总规模、银行流动性创造的影响，较少关注货币政策对不同产权企业间信贷配置结构的影响。少量文献对国有企业和民营企业间的配置差异进行了研究，但局限于信贷规模层面，未涉及信贷期限结构、信贷融资成本。本书从信贷规模、期限结构和融资成本三个层面，分析货币政策的变动是会显著提高还是降低国有企业和民营企业的配置差异，抑或没有影响。这一研究有利于为我国货币政策有效实施、缓解民营企业融资难题、提升我国信贷资源配置效率提供有效的指引方向。

第三，制度环境影响资源配置效率，是影响各国经济增长和经济发展的重要因素。本书结合我国经济处于转轨阶段和金融发展处于深化改革阶段的现状，以及我国国土面积大，不同地区之间经济发展水平和制度环境存在较大差异的事实，选择政府干预、金融发展、法制化水平三个制度变量对信贷资源配置所有制差异的影响进行研究。这一研究有助于深入理解国有企业和民营企业信贷配置差异的制度根源。从现实层面来讲，在当前民营企业发展和融资困难的情况下，本研究有助于从制度环境层面完善政策措施，为民营企业和小微企业融资提供政策支持，提振民营经济信心，推进宏观经济高质量协调发展。

第四，本研究与商业银行信贷实务工作进行相应结合，不仅提升了本书实证结果的可信度，也为商业银行信贷实务工作提供了相应的学术支撑。

本书的政策建议为：应重新审视和解决中国现阶段民营企业融资难融资贵和银行业不敢贷不愿贷的问题，坚持“两个毫不动摇”的重大方针，打破信贷资源配置在国有企业与民营企业间的偏好与歧视；有效提升民营企业自身经营素质，提高民营企业融资可获得性；进一步深化改革银行体系，大力发展金融市场，拓宽企业融资渠道；加强政策沟通与协调，尤其是要注重货币政策的调整；进一步完善制度环境，通过制度环境的提升改善信贷资源配置所有制差异；重新审视我国现阶段经济结构调整、经济缺乏新的增长点、企业杠杆率高等问题，通过信贷资源优化配置带动资本、人力、自然资源的有效配置，提高我国企业生产率和国民收入。

目　录

第一章 引 言

第一节 问题的提出

2020 年《国务院政府工作报告》强调，要“强化对稳企业的金融支持”，要“保障民营企业平等获取生产要素和政策支持，清理废除与企业性质挂钩的不合理规定”，“一定要让中小微企业贷款可获得性明显提高，一定要让综合融资成本明显下降”。① 近年来，我国经济增速放缓，货币供应量和企业融资规模不断扩大，但银行业在信贷资源配置过程中仍然存在显著偏好，对民营企业存在“不敢贷、不愿贷”问题。我国大量的信贷资源流向国有企业，而在国民经济中占比高、贡献大的民营企业获得的融资支持却与其经济地位严重不符（卢峰、姚洋，2004；Allen et al.，2005）。即使国有企业的资本收益远低于民营企业，我国商业银行信贷资源在国有企业和民营企业间仍存在明显的配置偏好，国有企业相比民营企业能够获得更大规模的信贷资源，且融资成本更低。信贷资源配置“所有

① 详见 2020 年《政府工作报告》，中华人民共和国中央人民政府网，http：//http：//www. gov. cn/premier/2020－05/22/content_ 5513757. htm。

制歧视”的存在，降低了信贷资金配置的效率。

2011 年以来，我国的经济增速处于下行周期。经济增长的模式主要依靠物质资源的消耗，而非技术水平进步、管理能力提升、劳动力素质提高和资源配置效率的改善。国民经济缺乏新的经济增长点，行业产能过剩、僵尸企业问题日益严重，银行体系的风险快速累积，实体经济利润下降。纵观世界经济发展，发达国家之所以发达是由于其资本配置效率明显较发展中国家高，即发展中国家在更大程度上滥用了资金，资本配置效率低下（韩立岩、蔡红艳，2002）。作为发展中的中国，要实现经济增长方式转型、经济结构调整，一方面应加大投入人力、资本等要素研发和获取先进技术，另一方面应改善当前资源尤其是信贷资源的不合理配置。提升金融资源的配置效率，是提高我国企业生产率和国民收入的重要途径之一。当前中国经济中的许多结构性问题实质上是资源错配导致的。党的十八届三中全会《决定》强调，“使市场在资源配置中起决定性作用”①；2017 年中央经济工作会议提出，“我国经济已由高速增长阶段转向高质量发展阶段”，针对银行体系的信贷资源配置，指出要“保持货币信贷和社会融资规模合理增长”，“更好为实体经济服务”②；2018 年 9 月，银保监会召开“进一步提升银行业和保险业服务实体经济质效”新闻发布会，强调将“督促银行保险机构加大对实体经济，特别是小微企业、民营企业的支持力度”。③ 由此可见，调节信贷资源配置，提升信贷资源配置效率，解决民营经济融资难题，促进民营经济发展，既是当前我国党和政府重点关注的工作之一，也是经济发展和金融服务实体经济的内在要求。

经济学的研究主题之一是资源配置。马歇尔、瓦尔拉斯、张伯伦、罗宾逊、鲍莫尔等众多经济学家对资源最优配置进行了探索与研究。马歇尔注重局部均衡分析，瓦尔拉斯则从一般均衡分析的角度出发。古典经济学的完全竞争理论，以及垄断等不完全竞争理论，都是对资源配置相关理论的不断探索。古典经济学中

① 详见中共十八届三中全会《中共中央关于全面深化改革若干重大问题的决定》（简称《决定》）。

② 详见 2017 年《中央经济工作会议报告》。

③ 详见 2018 年 9 月 25 日《银保监会：多措并举服务实体经济质效》，中国金融新闻网，http：//www. financialnews. com. cn/zgjrj/201811/t20181113_ 149362. html。

的完全竞争市场在现实中是不存在的，由于外部性、垄断等因素的存在，市场存在失灵状态，经济中的资源配置几乎不能达到最优配置状态，反而经常处于偏离帕累托最优的状态（张建华、邹凤明，2015）。金融是现代经济的核心，金融发展对于促进经济增长有着十分重要的作用（Goldsmith，1969；McKinnon，1974）。充分发挥金融资源的配置功能可以有效提高资源利用效率，有利于一国经济总量和经济结构合理调整，实现经济金融的可持续发展。我国目前正处于向高质量发展转型当中，发展处于增长速度换挡期、结构调整阵痛期、前期刺激政策消化期三期叠加中，实现金融资源的最优配置对于我国而言尤为重要。目前，我国金融市场仍属于银行主导型（邱兆祥、安世友，2012），金融体系以银行信贷为主（巴曙松等，2016），因此，中国银行业及其信贷资金的配置行为与效率自然引起了研究者的关注（刘伟、李绍荣，2001；张军、金煜，2005；方军雄，2007；刘小玄、周晓艳，2011；叶宁华、包群，2013；曹凤岐、杨乐，2014；马光荣等，2014；罗知、张川川，2015；王宇伟等，2018；张建华、杨小豪，2018）。

企业的融资方式，可以分为外部融资和内部融资两大类。外部融资指企业通过向银行借款、发行债券等方式在外部资本市场上获得资金；内部融资指企业用经营活动所产生的现金流（包括留存收益、折旧等）进行投资的行为。近年来，虽然各种新兴金融机构和新的融资形式发展迅速，但中国企业近80%的资金来源于银行贷款，因此银行贷款行为对经济稳定发展和结构调整具有重要意义（江曙霞、刘忠璐，2016）。2016年新增银行贷款占社会融资总额的比重高达69.86%（战明华等，2018）。

金融体制深化改革中的中国，银行的商业化特征和经营活动的市场化行为有所加强，信贷资源逐步按照市场效率原则进行发放（Firth et al.，2009），信贷资源配置效率得到逐步提升。我国金融体系改革尚未完成，信贷资源仍相对稀缺，银行在信贷资源配置中仍起着决定性作用（刘小玄、周晓艳，2011）。而我国国有商业银行占主导的金融体系，使得所有制因素——即企业的产权性质成为影响银行信贷资源配置的重要因素。同时，我国银行业以国有商业银行为主，政府仍保持着对金融体系的控制，在信贷资源配置中扮演着重要角色，由此导致了信贷资源在国有企业和民营企业间的不合理配置，国有企业相比民营企业能够获得更多的信贷资源，且融资成本更低。信贷资源配置“所有制歧视”的存在，降低了信贷资金配置的效率。企业的所有制不同导致的信贷歧视问题持续令学者们担忧。民营经济已经成为我国经济高速增长的主要推进力量，而银行信贷资源对我国企业尤其是民营企业的发展至关重要，因此研究信贷资源配置所有制问题具有重要的理论和现实意义。

本书研究的我国信贷资源配置问题，尤其是国有企业和民营企业间的配置不均衡问题，具体可以分解为以下几个问题：我国国有企业和民营企业的信贷资源配置是否存在显著的差异？哪些因素会导致信贷资源配置所有制差异的发生？影响程度是怎样的？一国的货币政策、金融发展、法律水平、经济体制等对信贷资源配置存在显著影响，这些因素又会如何影响信贷资源配置所有制差异？根据上述分析，我国应从哪些方面着手缓解民营企业融资问题，提升信贷资源配置效率？

第二节　选题意义

一、理论意义

信贷资源配置问题属于金融资源配置问题。白钦先（1998）认为，“金融是一种资源，是一种可以配置其他资源的核心要素”，金融资源配置是资源配置的核心。信贷配给理论认为（Stiglitz and Weiss，1981），信贷市场存在信息不对称，为了有效控制风险，银行会以较低的利率提供贷款给项目风险较小的借款人，而一部分愿意以较高利率获取贷款的借款人则无法得到满意的贷款。在解决非国有中小企业融资难问题上，林毅夫、李永军（2001）提出的中小银行发展理论认为发展中小金融机构是解决中小企业融资难的唯一办法。我国信贷资源配置所有制差异问题，是上述理论在实践中的反映。民营企业和国有企业相比，信息透明度较低，我国商业银行在信息不对称的情况下，基于贷款安全性的考虑往往对民营企业实行信贷限制政策，民营企业即使愿意支付较高的贷款利率也无法得到满意的信贷资源配置。民营企业的融资难同时又制约着其他资源的有效配置。因此，本书以我国信贷资源配置在国有企业和民营企业间的差异问题作为研究对象，使用我国企业层面数据对信贷资源不合理配置进行实证分析，在研究中注重货币政策、政府干预、法制化水平、金融发展水平等因素对不合理配置的作用，既是使用我国企业数据对金融资源配置理论、信贷配给理论、中小银行发展理论进行的一次验证，也是对这些理论在实践层面的一次完善。

二、现实意义

我国的银行多为国有银行，政府仍管控着金融体系，在信贷资源配置中扮演着主导角色。国有企业和民营企业的信贷资源配置存在显著差异，我国信贷配置效率低下。近年来，国有企业和民营企业间信贷资源不合理配置的负面影响逐渐显现。第一是宏观层面表现为经济增速放缓。我国政府采取了供给侧结构性改革，中央银行施行稳健宽松的货币政策以提振经济、提升消费水平和层次，以消费促进经济增长，但成效仍未显现。国家统计局数据显示，2010 年我国国内生产总值增速为 10. 64%；2012 ~ 2014 年保持在 7. 3% 以上；2015 年首次下降到 7% 以下，增速为 6. 9%；2016 年进一步下降为 6. 7%；2017 年回升到 6. 9%，但较 2010 年仍有显著差距[①]。第二是经济缺乏新的增长点，产能过剩依然较大。我国的经济增长模式仍然主要依靠资源规模的扩大而非效率的提升。部分行业落后

① 数据来源于国家统计局网站。

的产能无法实现有效淘汰，僵尸企业问题日益严重①。第三是银行业整体业绩下滑。我国商业银行股改以来，银行业利润一直处于高速增长状态。但是，2015年，经济层面的下行压力使得银行业的经营压力增大。根据中国银行业监督管理委员会年报（2017）数据显示：①我国银行业金融机构的利润增长率从2012年、2013年、2014年的20.74%、15.41%、10.51%陡降至2015年的2.39%。2016年虽有所回升，也仅为5.04%，尚不到2014年增长率的一半；②资本利润率也出现下滑，从2012年、2013年、2014年的19%、18.5%、17.1%下降为2015年的14.3%，并于2016年进一步下滑至12.6%；③与此同时，不良贷款余额和增长率却大幅增加。2013年、2014年，我国银行业金融机构的不良贷款余额为11763亿元、14335亿元，2015年增至19624亿元，规模较2014年增加5290亿元；2013年、2014年，我国银行业金融机构的不良贷款增长率为9.46%、21.87%，2015年飙升至36.90%。

在我国经济转向高质量发展的背景下，结合当前我国信贷资源低效配置的现状及负面影响来看，研究我国信贷资源错配，尤其是在国有企业和民营企业间配置的所有制差异问题就凸显出了其重要性、紧迫性和现实性。2018年10月20日，习近平同志给“万企帮万村”行动中受表彰的民营企业家回信中指出，改革开放40年来，“民营企业蓬勃发展”，民营经济“在稳定增长、促进创新、增加就业、改善民生等方面发挥了重要作用”，“支持民营企业发展，是党中央的一贯方针，这一点丝毫不会动摇”②。2018年9月27日习近平同志视察辽宁省的讲话中也强调“改革开放以来，党中央始终关心支持爱护民营企业。我们毫不动摇地发展公有制经济，毫不动摇地鼓励、支持、引导、保护民营经济发展。”③

---

① 中国人民大学国发院2016年系列报告第9期《中国僵尸企业研究报告——现状、原因和对策》中指出，利用2003年中国上市公司数据计算发现，钢铁行业僵尸企业比例高达51.43%，房地产行业44.53%，建筑装饰行业31.76%，商业贸易行业28.89%，综合类21.95%。从所有制来看，国有和集体企业中僵尸企业的比例最高，民营企业和港澳台及外商企业中僵尸企业的比例相近，且远低于国有和集体企业中僵尸企业的比例。

② 详见《民营企业家：习近平重申“两个毫不动摇”让大家稳定心思干实业谋创新》，中国新闻网 http：//www. chinanews. /om/m/gn/2018/09 –28/8639106. shtml。

③ 详见《习近平给“万企帮万村”行动中受表彰的民营企业家的回信》，新华网，http：//www. xinhuanet. com/politics/leaders/2018 –10/21/c_ 1123590760. htm。

只有让信贷资源按照市场化原则配置，让民营企业和国有企业的信贷资源配置得到平等对待，有效改善信贷资源错配，提升信贷资源配置效率，才能充分发挥金融资源配置其他资源、金融服务实体经济的根本作用和功能，一方面通过金融资源的有效配置带动资本、人力、自然资源等的合理配置，另一方面有效促进民营经济增长，挖掘经济新的增长点，提振宏观经济，推动经济高质量发展。

第三节　研究思路、方法和框架

一、研究思路

首先，梳理信贷资源配置的相关文献，明确信贷资源配置所有制差异的相关理论和概念，对我国信贷资源配置现状及其负面影响进行深入分析，把握我国信贷资源在国有企业和民营企业间配置的真实现状。

其次，使用我国上市公司微观数据，实证检验我国以国有商业银行为主导的银行体系信贷资源，在国有企业和民营企业间的配置是否存在显著差异，分析所有制差异的程度以及导致所有制差异产生的因素。

再次，货币政策、金融发展、法律水平、经济体制等制度因素对企业信贷资源配置存在影响，将上述因素引入所有制差异的计量回归模型，实证检验货币政策、制度因素等对信贷资源配置所有制差异是否存在显著影响，以及这一影响对所有制差异起到改善作用还是恶化作用。

又次，根据文章主体部分的理论与实证分析，切实提出有效改善国有企业和民营企业间信贷配置差异的政策建议，提升信贷资源配置效率，促进民营经济发展，提振宏观经济。

最后，归纳总结本书的研究结论，并与前期学者的结论进行比较分析，指出本书的研究不足，提出下一步的研究方向。

二、研究方法

1. 文献研究法

对产权理论、信贷资源配置、货币政策、制度环境（政府干预、金融发展水平、法制化水平）的相关文献进行系统梳理和归纳总结，对相关领域的研究做到最大程度的掌握和了解，在此基础上分析当前我国信贷资源配置所有制差异的现状，并逐步把货币政策、制度环境变量纳入信贷资源配置所有制差异的分析框架中，找出我国信贷资源配置所有制差异的内在和外在影响因素，并得出相应的研究结果。现有文献对本书的研究方法确定、研究内容和逻辑确定、计量模型设定、关键变量选取、实证结果分析、政策建议提出等提供了支持。

2. 比较分析法

为了研究我国信贷资源配置所有制差异问题，本文采用中国国家统计局、中国银行业监督管理委员会年报、中国金融统计年鉴、Wind 数据库等公布的经济统计数据，对国有企业和民营企业的发展、融资规模差异、融资成本差异、社会贡献、企业自身经营绩效、外在变量对企业融资的影响等多方面进行统计、对比和分析，这对于了解和掌握我国信贷资源在国有企业和民营企业间的差异配置提供了可以参考的依据。

3. 理论分析与实证分析相结合

本书中进行了大量的理论分析和实证分析，如信贷资源配置理论、信贷配给理论等相关理论的分析，以及信贷资源配置所有制差异的实证检验，宽松或紧缩的货币政策、不同地区的制度环境对我国信贷资源配置所有制差异的影响等。通过信贷配置均衡理论的分析框架，构建相应实证分析框架，得到相对可靠、稳健的实证结论，使得理论分析和实证分析得到了有效的结合。

三、研究框架

本书的研究框架如图 1－1 所示：

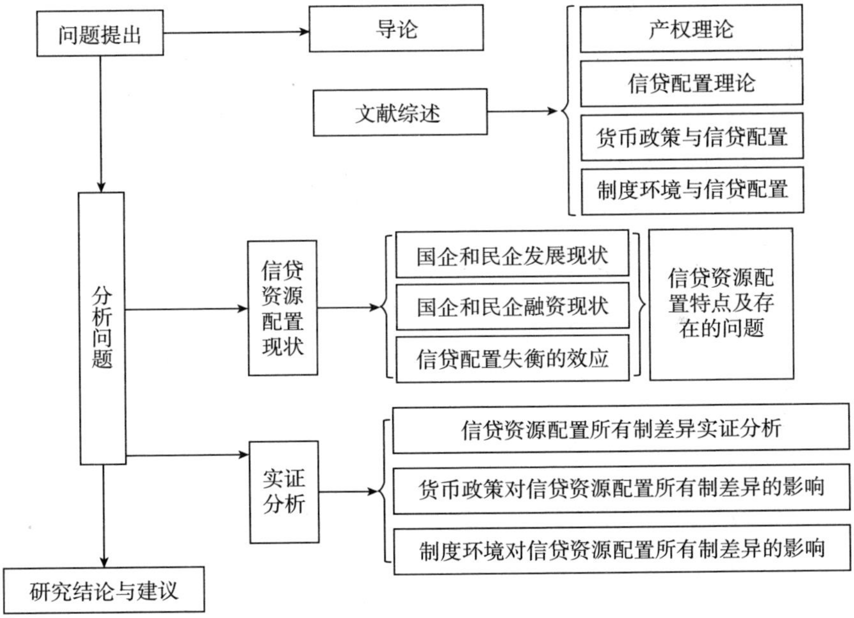

图 1－1 研究框架图

第四节 研究创新与不足

一、创新之处

第一，学者们关于我国是否存在信贷资源配置所有制差异并未形成一致的结论。本书从产权的角度研究信贷资源配置问题，有助于重新审视和解决中国现阶段民营经济的融资难融资贵问题，打破信贷资源配置在国有企业与民营企业间的偏好与歧视，解决经济增长乏力的问题，提高信贷资源配置效率，通过资源配置效率的提升而非资源规模的扩大促进国民经济的增长，激发经济活力，培育经济新的增长点。本书使用2007～2017年上市公司数据，对这一问题进行实证研究。数据涵盖我国沪深主板、创业板、新三板等股票市场中的多类企业，增强了本书研究的可信度，为此类研究增添了新的证据，丰富了此类研究。

第二，货币政策对企业信贷资源存在影响已有诸多研究，相关文献主要关注货币政策对信贷资源供给总规模、银行流动性创造的影响，较少关注货币政策对不同产权企业间信贷配置结构的影响。少量文献对国有企业和民营企业间的配置差异进行了研究，但局限于信贷规模层面，未涉及信贷期限结构、信贷融资成本。本书从信贷规模、期限结构和融资成本三个层面，分析货币政策变动是会显著提高还是降低国有企业和民营企业的配置差异，抑或没有影响。这一研究有利于为我国货币政策有效实施、缓解民营企业融资难题、提升我国信贷资源配置效率提供有效的指引方向。

第三，制度环境影响资源配置效率，是影响各国经济增长和经济发展的重要因素。本书结合我国经济处于转轨阶段和金融发展处于深化改革阶段的现状，以及我国国土面积大，不同地区之间经济发展水平和制度环境存在较大差异的事实，选择政府干预、金融发展、法制化水平三个制度变量对信贷资源配置所有制差异的影响进行研究。这一研究有助于深入理解国有企业和民营企业信贷配置差异的制度根源。从现实层面来讲，在当前民营企业发展和融资困难的情况下，本研究有助于从制度环境层面完善政策措施，为民营企业和中小微企业融资提供政策支持，提振民营经济信心，推进宏观经济高质量协调发展。

第四，本研究与商业银行信贷实务工作进行相应结合，不仅提升了实证结果的可信度，也为商业银行信贷实务工作提供了相应的学术支撑。

二、不足之处

第一，本书的研究仅将企业从国有企业和民营企业两种产权性质进行了区分，考察不同产权性质对信贷资源配置的影响。商业银行的信贷资源配置过程会考虑企业的资产规模、经营绩效、风险程度、抵押资产等因素。本书由于篇幅限制，未分组验证不同规模、不同经营效益、不同风险和是否存在抵押的企业间信贷配置差异情况，这是未来的研究方向之一。

第二，除货币政策、制度环境因素外，银行业竞争程度、地区信用环境、风俗习惯等都会影响企业的信贷资源配置，这是未来的研究方向之二。

第三，上市公司本身一般为地区内发展较好、融资约束较少的企业。上市公司的信贷规模、期限结构和融资成本配置，一方面是商业银行作为信贷资源配置主体的主动行为，另一方面也是企业的自主抉择过程，因此应进一步使用更具代表性的非上市企业数据进行验证。

第二章
相关理论和文献综述

第一节　产权理论的发展与实践

一、马克思产权理论

马克思产权理论对资本主义财产关系的剖析，集中体现在《资本论》中。马克思认为，产权是以法律形式存在的所有权，财产关系是生产关系的法律用语。产权的经济属性和法律属性缺一不可。马克思认为，产权是“具有契约形式的法权关系，是一种反映经济关系的意志关系”。产权包括“所有权、占有权、支配权、使用权和收益权等权能形式，这些形式既可以统一于同一权利主体，也可以分别归属于不同主体，采取分离的形式或进行不同的权力组合”。在产权分离的条件下，各项权能形式又可以有不同的组合形式，如资本主义社会中土地财产的所有权、占有权和使用权的分离，资本的占有权（资本家）和分配权（银行家）的分离。

产权的形态随着物质生产关系的变化而不断变化，第一形态是直接的公有制，第二形态是劳动者对劳动工具的直接占有，当生产力和社会分工的发展使得劳动产品出现剩余，就出现了第三形态，即奴隶主占有生产资料并占有和剥削奴隶。资本主义生产方式的确立带来了产权的第四形态，即无偿占有他人劳动的资本主义产权关系。资本主义社会的初期，生产关系适应生产力的发展，大大促进了生产，是一种进步的生产关系。伴随着资本主义社会的发展，生产力水平不断提高，社会化生产不断发展，资本主义的生产化和生产资料私有制之间的矛盾日益尖锐。私人生产的有序化和整个社会生产的无政府状态的矛盾日益尖锐，资本主义生产无限扩大和无产阶级更加贫困的矛盾更加尖锐，导致了资本主义社会的生产过剩和周期性的经济危机，生产关系不再适应生产力的发展。资本主义生产关系和生产力之间的矛盾使得社会主义公有制必将代替资本主义的私有制。因此，在生产资料共同占有的基础上，重新建立产权关系是马克思产权理论的第五形态。《马克思恩格斯全集》指出，“从资本主义生产方式发生的资本主义占有方式，从而资本主义的私有制，是对个人的、以自己劳动为基础的私有制的第一个否定。但资本主义的生产由于自然过程的必然性，造成了对自身的否定。这是否定之否定。这种否定不是重新建立私有制，而是在资本主义时代的成就的基础上，也就是说，在协作和对土地及靠劳动本身生产的生产资料的共同占有的基础上，重新建立个人所有制”①。马克思认为，社会主义生产资料共同占有的产权制度下，只要生产关系与生产方式相适应，共同占有产权的实现形式是多样的。生产力作为社会生产中最活跃的因素，处于不断运动变化的状态之中，而生产关系是随着物质生产资料、生产力的变化和发展而变化和改变的。

二、现代西方产权理论

科斯被广泛认为是现代产权理论的奠基者和主要代表，其在 1937 年《企业的性质》一文中首先提出了交易成本和产权的概念，并将二者用于经济组织和经

① 马克思，恩格斯．马克思恩格斯全集（第23卷）［M］．北京：人民出版社，1972：832.

济制度的分析，从而有了产权理论的产生和发展。事实上，从亚当·斯密的古典经济学就已开始了对产权理论的探索。亚当·斯密从理性人假设出发，认为人类追求自利并非不道德之事，在自由竞争的环境中，理性人追求个人利益最大化，“看不见的手”使社会资源分配达到最佳状态。他主张“天赋人权”，私人有权拥有及支配自己的财富，这样才能使个人充分发展并促进文明的发展。富兰克·奈特 1921 年出版了《风险、不确定性和利润》，从理论上的完全竞争与实际经济中的竞争不一致出发，将不确定概念即风险与不确定性引入分析，探讨完全竞争与时基竞争之间的本质区别，从而揭示了利润的来源。在分析的过程中，奈特研究了企业和企业家的性质，将风险与产权联系起来，将产权引入到市场经济的分析中，为科斯的交易费用概念打下了基础。以奈特的学生布坎南为代表的公共选择学派亦对产权理论进一步进行延伸。康芒斯 1934 年出版的《制度经济学：它在政治经济学中的地位》一书中，将“交易”的概念引入了古典经济学中，把产权制度与效率联系了起来。

科斯的现代产权理论以研究外部性即私人收益和社会收益的不一致性入手，认为要消除外部性，就要从根源上来治理。他认为，只要产权不明确，外部性就不可避免；只要产权界定清晰，那么市场机制就能解决外部性问题。清晰的产权可以很好地解决经济中的外部性经济问题，明确规定当事人可以做什么，然后通过权力的交易实现资源的最佳配置，经济分析的首要任务是界定产权。科斯的现代产权理论被认定为科斯三定理。科斯第一定理认为，只要交易费用为零，不管把权力界定给谁，市场交易都可以使资源达到最优配置；科斯第二定理认为，如果交易费用大于零，权力界定不同会产生不同的资源配置；科斯第三定理则揭示了不同产权制度的设计成本与资源配置的关系。制度本身不是无成本的，不同制度的选择会产生不同的经济效率。

后续研究者们对科斯理论的发展形成了三个不同的分支：以威廉姆森为代表的交易成本经济学、以布坎南为代表的公共选择学派、以舒尔茨为代表的自由竞争派。交易成本经济学认为，自由交易程度的大小以及交易成本的高低会影响资源配置的效率。交易成本分为广义和狭义两种，广义的交易成本包括为达成交易所运用的全部资源，包括谈判时间、信息成本等，狭义的交易成本仅指为履行契约所付出的资源。公共选择学派则认为帕累托最优原则不是资源配置的原则，产权归属、制度环境等应发挥重要作用。自由竞争学派认为，除科斯定理强调的外部性外，垄断等因素也会影响资源配置的有效性，导致市场失灵。

三、我国学者关于产权问题的讨论

中华人民共和国成立后实行的是计划经济体制，从20世纪80年代改革开放以后我国才开始出现对产权理论的讨论。学者们对产权的定义（樊纲，1993；刘伟和李风圣，1997；刘伟，2000）、产权范畴（张维迎，1996；刘汉民，2002；吴易风，1995）、产权制度的界定（胡峰，2002）、产权制度与企业经营的关系（冯巨章，2003）、我国产权制度的改革方向（林毅夫等，1997；厉以宁，2004）等多方面展开了争论。产权问题是经济学最基础的问题。《新帕尔格雷夫经济学大辞典》（1996）对产权（Property Right）的定义是“多种权利的总称，是一种通过社会强制实现的对某种经济物品的多种用途进行选择的权利”。岳福斌（2007）① 认为，产权不仅是法学的范畴之一，也是经济学的范畴之一，“是以法律形式存在的财产所有权，在社会再生产中表现为生产要素所有权，是所有制的核心和主要内容，包括物权、债权、股权和知识产权等各类财产权，是行为主体通过对财产的所有、占有、支配和使用而形成的人与人之间的权利关系”。产权是经济所有制关系的法律表现形式，包括“财产的所有权、占有权、支配权、使用权、收益权和处置权等”，具有经济实体性（客观存在的）、排他性、可分离性、可流动性（可交易性）、法律性、收益性等属性。产权的表现形式为占有、使用、支配和处置。

产权理论在我国的实践，主要集中于国有企业产权的深化改革方面。张维迎等（1999）认为，国有企业是所有权和经营权分离的企业，解决国有企业的

① 岳福斌．现代产权制度研究［M］．北京：中央编译出版社，2007：1－3.

“内耗”问题，必须从改革国有的产权制度着手。刘伟（2000）认为，产权改革是国有企业改革的根本出路，产权改革对就业、企业长期投资和经营会产生积极的影响。我国的国有企业产权改革成效不显著，周学（1997）认为，改制后的企业需要具备独立核算、自负盈亏、利益制约机制和足够的经营管理权力。韩朝华（2003）认为，国有企业的改革需要约束行政权力、规范政府行为，减少政府对企业的行政干预。

第二节　信贷资源配置理论与研究

一、信贷资源配置概念

1. 信贷资源（Credit Resource）

（1）概念的确定。国内学者白钦先（1998）提出金融是一种资源，“经济金融全球一体化与社会资产日益金融化的全新形势下”，“金融资源不仅包括资本或资金，而且包括与资本或资金紧密相关的其他金融要素，还包括资本或资金与其他相关金融要素相互作用、相互影响的功能”。白钦先将金融资源划分为三个层次：基础金融资源、中间金融资源、高层金融资源。基础金融资源指金融资源中最核心最基础的层次，涵盖货币资本或资金等，代表对商品和服务的购买力。中间金融资源主要指实体层面，包括金融组织、金融工具等。高层金融资源是整体功能性的，更多地指向基础金融资源与中间金融资源之间的相互作用与影响的结果。金融资源是“一定时期的价值积累和凝结，是对其他各种资源，特别是自然资源的索取权、支配权和拥有权”。

信贷资源属于金融资源中的货币资金层次。信贷资源存在广义和狭义之分。

广义的信贷资源是指金融机构资产负债表中资产方的发放贷款及垫款、存放同业和其他金融机构款项、拆出资金、买入返售金融资产、持有至到期投资、应收款项类投资等。狭义的信贷资源仅指金融机构对住户、非金融企业及其他部门发放的贷款。在广义的信贷资源中，商业银行对住户、非金融性企业及其他部门发放的贷款占主要比重，是信贷资源的主要组成部分。以工农中建四大国有商业银行为例（见表2－1），2008～2016年，发放贷款及垫款占广义信贷资源的比例为60%～77%之间，约占2/3的比重。2017年，中国银行、工商银行、建设银行发放贷款及垫款的比例均超过70%，农业银行的比例亦在65%以上。因此，根据信贷资源的定义及我国商业银行信贷资源的现实情况，并考虑相关数据可得性后，将本书研究的信贷资源界定为狭义的信贷资源。

表2－1 我国四大商业银行发放贷款及垫款占广义信贷资源的比重

单位:%

年度	2008	2009	2010	2011	2012	2013	2014	2015	2016	2017
中国银行	68.35	72.55	72.34	71.10	72.05	72.23	73.53	72.41	74.03	74.91
工商银行	61.23	63.04	66.57	66.94	67.56	70.77	72.19	70.39	72.60	71.08
建设银行	66.54	64.16	68.73	70.64	69.75	73.30	73.89	72.37	75.12	76.98
农业银行	—	—	65.64	65.99	65.66	65.98	67.53	65.24	64.93	65.96

注：四大商业银行指工农中建四大国有商业银行。数据来源于Wind资讯。

（2）信贷资源的划分。根据中国人民银行每年公布的金融机构信贷收支表①，人民银行对于信贷资源有两种划分方法。划分方法一：按贷款种类划分，可以将信贷资源划分为短期贷款、中长期贷款、融资租赁、票据融资、各项垫款。划分方法二：按贷款对象划分，可以将贷款划分为住户贷款和非金融企业及其他部门贷款，并可以进一步对二者进行划分（见表2－2）。

① 中国人民银行统计数据，http://www.pbc.gov.cn/diaochatongjisi/116219/index.html。

表 2-2　信贷资源划分——按贷款对象

贷款对象	贷款种类	具体分类
住户贷款	消费型贷款	短期消费型贷款
		中长期消费型贷款
	经营性贷款	短期经营性贷款
		中长期经营性贷款
非金融企业及其他部门贷款	短期贷款及票据融资	短期贷款
		票据融资
	中长期贷款	—
	其他贷款	—

资料来源：根据中国人民银行网站整理。

2. 信贷资源配置（Credit Allocation）

资源配置是经济学研究的主题之一。英国经济学家罗宾斯（1932）在《论经济科学的性质与意义》中将经济学的研究对象定义为资源的有效配置。西方经济学在研究经济运行时，认为完全竞争的市场机制能够保证稀缺性资源得到有效配置。他们将资源有效配置定义为在一定的预算约束下（资源是有限的），在市场这只“看不见的手”的作用下，资源按照效率最大化的原则进行分配，从而达到资源分配的帕累托理想状态。在这种状态下，任何分配变化都不能使一个人的收益增加而另一个人的收益不减少。西方经济学从消费、生产和要素分配三个方面分析资源分配的最优状态。消费层面，消费者在预算约束内，以最低的价格买到消费品，达到效应最大化。生产层面，生产者在生产预算线内，以最低的成本进行生产，达到利润最大化。要素层面，要素所有者按照要素在生产中的贡献获得相应的报酬，整个社会达到均衡。

信贷资源属于要素分配层面，是有限的、稀缺的。信贷资源分配应在市场机制的作用下，以最少的信贷资源投入获得最大的社会产出，达到信贷资源分配的帕累托最优。白钦先（1998）认为，“金融资源，特别是货币资金这一基本核心金融资源”，“是对其他各种资源，特别是自然资源的索取权、支配权和拥有权”。因此，信贷资源有效配置，不仅能够促进其自身配置均衡，也能促进由信贷资源支配的其他资源达到有效配置，从而使社会经济充满活力，社会生产率得到提高。

信贷资源配置的主体是商业银行。从银行实务角度看，作为信贷资源配置主体的银行的信贷资源配置决策包括是否发放贷款、贷款期限设定、贷款的性质（信用贷款、担保贷款）、贷款利率安排、贷款用途限制、还款频率等具体条款。银行是否发放贷款取决于多种因素①。附表 A-1 为我国某国有大型商业银行的制造业信贷决策报表部分内容，可以看出，影响商业银行贷款决策的因素有借款人是否新增、企业产权性质、企业规模（是否集团客户）、企业地位、企业贷款风险评价、企业信用记录等，而贷款决策则包括贷款规模、贷款种类、贷款用途、利率以及担保条件等。我国学者周业安（2005）也对此进行了描述。

二、信贷资源配置理论

1. 信贷配给理论

资源配置问题是经济学研究的主题之一。古典经济学将资源配置的状态分为两类：资源的有效配置和资源的低效配置。当资源按照效率原则配置，整个社会达到帕累托最优时，资源实现了有效配置；否则就存在资源的错配。在金融领域，戈德史密斯（Goldsmith）于 1955 年提出了资源配置效率理论。萨缪尔森（Samuelson）和索洛（Solow）进一步发展了该理论。索洛的经济增长理论认为，经济增长除包括人力和资本所拉动的部分外，还应包括技术进步的影响。

无论是在发达经济体，还是发展中经济体中，信贷配给都是信贷市场上一个常见的现象。即使是在金融体系比较发达的美国、欧洲、日本等经济体中，由于信息不对称的存在，信贷配给问题也无法避免。信贷配给（Credit Rationing）是指在信贷市场上，银行和借款者的信息是不对称的，银行无法得知借款者确切的

① 参见附录 A。

风险状况，因此对于借款者的信贷需求进行限制或者实施限额配给，借款人即使愿意支付较高的利率也不能得到或仅能部分得到借款需求的情况。因为道德风险和逆向选择的存在，银行为了控制贷款风险宁愿以较低的利率提供贷款给风险较低的借款人，也不愿以较高的利率为高风险的借款人提供贷款。信贷市场上银行和借款者之间的信息不对称是导致信贷配给存在的根本原因。

信贷配给理论模型由 Stiglitz 和 Weiss 于 1981 年提出。信贷配给的理论经历了“信贷可得性理论—Jaffee 和 Russell 信贷配给模型（J－R 模型）—Stiglitz 和 Weiss 的信贷配给模型（S－W 模型）”的发展过程，并得到了广泛的拓展分析和发展。第一，信贷可得性理论始于 20 世纪 50 年代西方经济体遭受严重通货膨胀时期，由 Robert Roosa 于 1951 年提出。学者们认为，信贷市场并不是完美的，货币政策通过利率调节信贷供给和需求的作用并不完全。政府和中央银行的货币政策会影响货币供应量，即影响信贷市场上的信贷资源供给。信贷可得性理论将货币政策实施与信贷资源配置结合了起来。第二，Jaffee 和 Russell 于 1976 年提出 J－R 信贷配给模型。信贷可得性理论是从宏观货币政策入手的，该模型转而从银行和企业的微观角度入手进行分析，认为信贷市场上银行和企业间关于借款人还款能力和风险水平信息的不对称导致了信贷市场上信贷配给问题的产生。在信贷市场，只有一部分具有融资需求的借款人具有偿还贷款的能力，而银行无法掌握完全信息，因此银行通过设定自身可以承担的风险水平，并根据风险水平设定贷款利率，使得部分借款人的融资需求无法得到满足，信贷配给问题由此产生。第三，1981 年 Stiglitz 和 Weiss 的 S－W 信贷配给模型在 J－R 模型的基础上提出。模型不仅包括银行和借款人间的信息不对称，也包含了道德风险和逆向选择因素。银行的贷款组合收益不仅取决于贷款利率，还取决于还款概率，而较低的还款概率将会对银行的贷款收益产生负向影响。信贷市场上较高的贷款利率，使得借款人的还款压力增加，还款能力和还款概率降低，较高的贷款利率也将低收益低风险的借款人和借款项目排除在外，使得高收益高风险的借款人获得信贷融资，从而提升了信贷资源的信贷风险。道德风险和逆向选择使得银行在权衡收益和风险后，倾向于降低贷款利率，实施一定程度的信贷配给。

在上述研究的基础上，学者们对信贷配给问题进行了拓展分析和研究，相关研究主要从抵押品价值（Wette，1983；Huang，2000）、监督成本（Williamson，1986；Worrall and Hillier，1994）、银行与借款人之间的关系（Maitinelli，1997；Andrea，Matthias and Daniela，2015）、货币政策（Fuerst，1994；Kashyap and Stein，2000）等方面展开。

2. 信贷配给实证研究

信贷配给实证研究分为信贷配给水平的测度和信贷配给理论的应用两个方向。信贷配给水平测度方面，Greenwald 和 Stiglitz（1990）提出了直接测度法，通过比较信贷市场上银行提供的信贷资源供给和借款人的信贷需求，直接度量信贷配给程度。Parker（2002）对直接测度法提出质疑，认为虽然直接测度法较为直观，但是信贷供给和信贷需求的实际数据却较难获得，因此使用直接测度法测算的信贷配给程度存在偏差，他们提出使用代理指标的间接测度法。Galbraith（1996）认为货币政策与宏观经济之间存在门限效应，在阈值之前和之后的关系存在差异性，而这种差异性会影响信贷市场上的信贷配给程度，因此他重新构建了信贷配给程度测算方法。国内学者刘明（2006）、李文豪（2006）、马睿（2008）、杨全年和卞志村（2009）、任建军（2010）等采用上述方法对我国信贷供给程度进行了测算。

信贷配给理论的应用方面，Fried 和 Howitt（1980）认为因为信贷市场上存在信息不对称，签订隐形的合约可以有效降低因信息不对称带来的信贷风险。我国的信贷配给研究集中于社会主义初级阶段所特有的信贷配给现象以及中小企业融资难问题。王广谦（1997）对金融资源配置问题进行了系统性研究。王振山（2000）认为，帕累托最优是金融资源有效配置的状态，如果金融资源没有配置到效率更高的部分，就会存在错配。穆争社（2005）认为信贷配给理论源于国外，是根据国外社会经济状况、金融体系发展水平、信贷市场发育等情况提出的，而我国的金融体制与国外经济体存在较大不同，是政府主导的金融发展市场，政府干预仍占较大比重。我国信贷资源主要依据银行与企业之间的关系进行配置。而中小企业融资难则主要是由中小企业自身存在的问题、信息不对称以及信贷市场环境等问题造成的（陈全功、程蹊，2004；任月婷，2010）。

第三节　信贷资源配置所有制差异研究

一、信贷资源配置所有制差异概念

学者们从经济生活中实际观察到的信贷资源在国有企业和民营企业间的不合理配置现象入手，对信贷资源配置所有制差异进行定义，认为其是银行信贷资金过多投放于国有企业的现象（Loren et al.，2003）。究其根源，Loury（1998）认为，相比民营企业，国有企业在产品市场、要素市场等市场上拥有更多政治关系带来的特殊“优待”，因此经营风险较低。孙铮等（2005）、江伟和李斌（2006）认为，更多的“政治关系”和软预算约束是国有企业的特点。国有企业拥有的政治关系使得国有企业在陷入财务困境时更容易得到政府的帮助和救济，债务违约的风险较低，导致了商业银行信贷资源发放时偏好国有企业，即信贷资源配置的所有制差异。因此，本书分析研究的信贷资源配置所有制差异，是指信贷资源配置的过程中，由于国有产权和非国有产权的不同，而出现的银行偏好国有企业的行为，即相较于民营企业而言，国有企业即使支付较低的信贷成本（信贷利率），也能够获得更多的信贷资源的情形。

二、信贷资源配置所有制差异研究

信贷资源配置所有制差异的研究可以分为信贷资源的可得性差异、信贷资源配置的规模差异、期限差异、成本差异、所有制差异产生的原因等方面。

1. 信贷资源可得性的差异

La Porta 和 Shleifer（2002）研究发现，当商业银行被政府控制时，国有企业因其具有的政治关系会更易得到银行信贷资金。邵挺（2010）从金融错配的角度入手，认为国有企业的资本回报率要远远低于非国有企业，但金融机构却更偏好国有企业。李健和陈传明（2013）认为，企业家政治关联对企业债务期限结构具有显著正向影响，地方政治关联显著强于中央政治关联。支燕等（2014）认为金融发展有助于缓解企业的融资约束，非国有企业面临的所有制歧视是企业融资的重要障碍。程六兵和王竹泉（2015）发现借款逾期的非国有企业比国有企业获得的贷款数量少，贷款成本高，但银行股份制改革对缓解信贷歧视具有积极作用。邓路等（2016）使用上市公司数据发现，不同所有制企业拥有的超额银行借款存在显著差异，国有上市公司的超额银行借款显著多于非国有上市公司。

2. 信贷资源配置的差异（规模差异、期限差异、成本差异）

Allen 等（2005）在研究中国的法制、金融与经济增长中发现民营经济在我国国民经济中的重要性不断提高，逐渐成为经济增长的主力军，但大部分贷款却流向效率更低、贡献更小的国有企业。民营企业获得的融资支持与其经济贡献严重不相符。孙铮等（2005）发现上市公司债务期限结构与当地市场化程度、政府干预程度以及公司股权性质显著相关。江伟和李斌（2006）同样发现，国有上市公司相比民营上市公司具有更多的长期债务融资。余明桂等（2006）发现上市公司国有股份比例与资产负债率显著正相关。方军雄（2007）研究发现，相较而言，国有工业企业获得的贷款更多，贷款期限更长。叶康涛和祝继高（2009）认为，在货币政策紧缩期间，银行更有可能将有限的信贷资金优先配置给国有企业，从而导致紧缩期间高成长性的非国有企业较少获得信贷资金。刘小玄和周晓艳（2011）使用制造业规模以上企业的数据分析认为，在具有相同规模的基础上，虽然非国有企业往往具有较好的绩效，但只得到了较少的融资来源。而国有企业不但能得到较多外部融资，而且获取外部融资的实际利率和融资成本都要低得多。孙会霞等（2013）从商业银行的金融中介功能角度出发，在对银企关系的检验中发现，国有企业的借款成本显著低于民营企业。

3. 所有制差异产生的原因

林毅夫、李志赟（2004）认为在转型经济体中，政府分不清楚企业的经营性亏损和政策性亏损，只好都给予补贴。Shleifer 和 Vishny（1994）认为政治家为了获得企业的支持，会给企业提供财政补贴和银行贷款支持。Loren 等（2003）通过对我国江浙地区的农村进行问卷调查，发现由于银行治理结构问题，信贷市场上存在所有制“金融歧视”，这使得民营企业的融资来源转而依靠成本更高的非正规渠道。卢峰、姚洋（2004）认为，我国国有银行为主的银行体系导致银行出现严重的信贷歧视。国有商业银行对国有企业的贷款更多的是出于政治目的，而对民营企业的贷款则出于盈利目的。因此，国有银行对国有企业的信息审核和担保审核较为宽松，而对民营企业的贷款要求标准则较高。孙铮等（2005）认为，在社会主义制度公有制产权的背景下，政府也会对银行的信贷配置进行干预，从而导致信贷差异的发生。政府一方面可以通过提供优惠政策、财政补贴等提高国有企业获取银行贷款的概率，另一方面可以直接干预银行给国有企业提供的贷款。

田树喜和白钦先（2012）认为国有银行的垄断地位及信贷份额寡占、资源配置的国家控制使得资金在配置过程中体现出明显的所有制偏好和规模偏好。靳来群等（2015）认为资源配置所有制差异的根本原因在于政府行政权力与国有企业垄断，即行政垄断，表现为政府对市场施加直接或间接的干预。张玉苗（2017）认为我国特殊的财政分权制度使得地方政府为了保证自身利益和增强地区竞争力会在经济发展中采取一些行政干预措施，包括对金融体系的干预。

学者们认为，政府基于社会和政治目的，会对国有企业进行救助，导致国有企业存在预算软约束。Dewatripont 和 Maskin（1995）认为，预算软约束使得大量的资金流向低效率部门，而高效率部门无法得到足够的资金，融资成本也随之升高。我国的国有企业缺乏人格化的所有权主体，国有资产长期缺乏有效约束，信贷资源利用率低下，而预算软约束使得金融资源的稀缺性加强，民营企业无法得到有效融资。

4. 质疑信贷资源配置所有制差异的研究

方军雄（2007）认为国有企业在信贷资源配置中更受偏爱并非因为其国有产权性质，而是由于民营企业和国有企业之间存在规模、盈利能力等禀赋差异，同时政府干预也是原因之一。方军雄（2010）使用上市公司的数据对这一问题进行重新验证，认为民营企业与国有企业间存在信贷资源配置差异，是民营企业自主决策的结果。白俊和连立帅（2012）同样使用上市公司数据进行实证检验，他们认同国有企业和民营企业间存在信贷资源配置差异，但是认为由于国有产权导致的差异并非信贷资源配置差异的主要部分，禀赋差异才是导致差异存在的主要原因。苟琴等（2014）对信贷资源配置所有制歧视的论断提出质疑，认为国有企业和民营企业间的信贷配置差异主要与企业自身禀赋和宏观金融环境有关，而非企业的产权性质。苟琴和黄益平（2014）从决定我国信贷配给的因素入手，认为产权性质并非造成我国信贷配给的决定因素之一。周德友（2015）认为民营企业与国有企业相比，虽然获得的长期贷款成本比较高，但新增贷款规模也较大，其长期贷款期限比较短。

5. 信贷资源错配的影响

对宏观经济的影响：Hsieh 和 Klenow（2009）通过比较实际收益生产率（TFPR）分布与理想均衡状态的偏离估算资源错配程度，认为资源错配会造成全要素生产率的损失。Aoki（2012）通过构建模型发现资源在某些行业的投入过多，而投放于另一些行业的资源过少，导致资源配置效率低下，社会产出也会产生损失。林毅夫和李永军（2001）认为国有银行垄断信贷市场导致信贷配给产生，大量信贷资源投向低效率的国有企业，严重阻碍了我国实体经济的发展。邵挺（2010）实证分析发现国有企业的盈利能力比非国有企业要低，信贷配置的所有制歧视导致了金融资源错配，消除金融错配可以提高 GDP 的增长量。刘瑞明

(2011）认为，在我国经济转型过程中，国有经济的效率较低，对经济增长产生负面效应，我国金融发展存在的压抑特征、资源在国有企业和民营企业间配置差异的存在、资源配置效率的低下使得国有企业对国民经济的发展产生了拖累效应。韩剑和郑秋玲（2014）测算了资源在行业间的错配，发现行业内和行业间的错配都会造成实际产出和潜在产出之间产生正向缺口，即造成实际产出的损失。

对企业资本回报率的影响：白重恩等（2007）、CCER① 中国经济观察研究组（2007）、邵挺（2010）等对这一问题进行了研究。白重恩等（2007）使用资本份额、资本存量、GDP 规模、资本投入和社会产出等指标估算企业的资本回报率。CCER 中国经济观察研究组（2007）首先估计资本回报率，然后研究了资本回报率在不同所有制企业间的差异情况。邵挺（2010）则从企业产权性质入手，实证分析企业的产权性质、金融资源在企业间的低效配置与企业资本回报率之间的关系。

对企业创新的影响：Aziz 和 Duenwald（2002）、张军和金煜（2005）、Jeanneney 等（2006）、Guraiglia 和 Poncet（2008）、刘瑞明（2011）等研究了全要素生产率与金融发展之间的关系；刘凤朝和沈能（2007）、孙伍琴和朱顺林（2008）、陈刚和李树（2009）等通过不同的估计方法测算了金融发展与创新效率等变量之间的关系；解维敏等（2009）、解维敏和方红星（2011）分析了金融发展与企业研发投入的关系。

第四节　货币政策与信贷资源配置研究

货币政策（Monetary Policy）是国家宏观调控国民经济的主要政策之一，是政府和中央银行为实现特定的经济目标而采用的各种控制和调节货币供应量和信用量的方针、政策和措施的总称。货币政策的实质是国家对货币的供应根据不同

① 北京大学中国经济研究中心（简称 CCER）。

时期的经济发展情况而采取宽松、紧缩、适度、稳健等不同的政策趋向。传统的货币政策三大工具为法定准备金率、公开市场业务和再贴现。为适应经济环境的变化，自2013年以来，我国央行在借鉴国外主要经济体央行货币政策工具的基础上，陆续推出了具有中国特色的新型货币政策工具，包括公开市场短期流动性工具（SLO）、常备借贷便利（SLF）、中期借贷便利（MLF）、抵押补充贷款（PSL）、信贷资产质押再贷款等。

Robert Roosa（1951）的信贷可得性理论将货币政策实施与信贷资源配置结合起来，认为信贷市场并不是完美的，货币政策通过利率调节信贷供给和需求的作用并不完全。政府和中央银行的货币政策影响货币供应量，即影响信贷市场上的信贷资源供给。货币政策通过信贷传导渠道影响企业的信贷配置。宽松的货币政策会增大信贷供给规模，紧缩的货币政策会减少信贷供给（Kashyap et al.，2020），进而通过信贷传导渠道最终影响企业的融资规模或融资成本。刘明（2006）指出我国货币政策主要是通过信贷渠道进行传导的。微观信贷市场信贷配给的存在，使得紧缩性货币政策对产出的影响大于扩张性货币政策。贾蜀苇（2006）从市场交易型贷款和关系型贷款两种贷款技术出发，结合中国垄断的银行业结构，认为只有在扩张的货币政策下信贷渠道才是有效的，紧缩的货币政策则不然。杨全年和卞志村（2009）认为货币政策阀值是从紧缩到放松的转折点，当货币政策是紧缩的，信贷配给会增强货币政策紧缩对真实经济的影响。卞志村和杨全年（2010）实证发现我国各区域货币政策效应具有显著的配给均衡特征，突出表现为各区域货币政策效应的差异性。朱博文等（2013）使用上市公司与银行之间的贷款数据分析了货币政策冲击下的货币政策资产负债表渠道和银行贷款渠道，分析还得出无论货币政策如何变化，银行都会优先保障大型企业的贷款。李明辉等（2014）检验了货币政策对我国银行业流动性创造的影响，结论表明紧缩的货币政策降低了银行的总体流动性创造。王铭利（2015）发现紧缩的货币政策时期，影子银行使货币政策的信贷传导渠道效应弱化。刘莉亚和余晶晶（2018）认为利率市场化进程中银行业竞争的改变会影响货币政策银行信贷渠道传导效率的作用机制，竞争水平上升会促进信贷渠道的传导效率。叶康涛和祝继高（2009）认为，在货币政策紧缩期间，银行更有可能将有限的信贷资金优先配置给国有企业，从而导致紧缩期间高成长性的非国有企业较少获得信贷资金。方军雄（2010）认为在宽松的货币政策时期，禀赋特征好的企业即资产规模大、盈利能力强的企业更易得到银行贷款。于泽等（2015）认为我国特色的货币执行模式——窗口指导使得缺乏投资机会的成熟大型企业可以获得大量贷款，而处于成长期的中小企业即使有较多的投资机会，也往往难以获得贷款。邓路等（2016）认为国有上市公司的超额银行借款显著多于非国有上市公司，在货币政策紧缩和金融危机期间，二者之间的超额银行借款差异会增大。

第五节　制度环境与信贷资源配置研究

制度是指被人们普遍遵守的规则、守法程序、行为规范、道德伦理等，也包含在一定的历史条件下形成的法令法规、礼仪风俗等社会规范。制度变迁理论认为，古典经济学中关于市场机制影响人的行为决定、社会资源的配置、社会绩效与产出的理论是不完善的，必须把制度因素列入考察范围。新制度经济学将制度划分为正式制度和非正式制度两类。正式制度是指通过国家或政府等组织正式认证、确立的成文规则，是人们有意识创造出来的，如宪法、法令法规、合约等；非正式制度则主要指在社会交往中，人们逐渐形成的被社会认可的约束性规则，如价值信念、伦理道德、风俗习惯等。方军雄（2007）认为，制度的激励和约束性不同，会使企业做出不同的融资决策。邓路等（2014）发现，地区制度环境对民营企业的融资方式选择存在显著影响。

本书选取政府干预、金融发展、法制化水平三个代表性制度变量研究制度环境对信贷资源配置的影响。

一、政府干预与信贷资源配置

政府干预（Government Intervention）是指政府在经济运行中，为了促进市场发育、规范市场运行，实现经济持续、稳定、协调增长，运用调节手段和调节机制，对社会经济的调节与控制。我国的政府干预分为两个层级：中央政府干预和地方政府干预。针对信贷资源配置的政府干预主要是指中央政府为实现对社会经济总体的宏观调控或者地方政府为推进地区经济发展或行政绩效考核，而对银行在信贷资源审批、配置等过程中的干预，并最终影响信贷资源的配置状况。

在许多发展中国家或处于转轨经济中的国家，政府控制着大量的社会资源，企业拥有"政治关系"会使企业在信贷资源过程中更受偏爱（Khwaja and Mian，2005；Charumilind et al.，2006；Brandt and Li，2003；Cull and Xu，2005）。Sapienza（2004）和Dinc（2005）认为，在政府干预程度越高的地区，出于政治选票、社会政绩等政治目的，政府会直接干预商业银行的贷款行为，使国有企业获得更多的长期借款。孙铮等（2005）的研究发现，政府干预程度越高的地区，企业的长期负债率越高。由于我国政府仍然拥有对国有企业经济的人事控制权（刘小玄，2001），因此在政府干预程度越高的地区，银行的经理越可能出于职位晋升等个人利益考虑而迎合政府的要求，为国有企业提供长期贷款。而在政府干预程度比较低的地区，政府对国有银行贷款干预的减弱以及由此导致的银行经理激励机制的变化会弱化银行的差别贷款行为（江伟、李斌，2006）。方军雄（2007）认为，银行发放给国有工业企业的贷款更多，期限较长的贷款比重更高，这可能源于政府干预以及国有企业所具有的信息成本优势和违约风险优势。韩剑和郑秋玲（2014）认为政府干预通过保护现有的非效率企业和阻止新企业进入两个渠道导致资源错配。靳来群等（2015）认为资源配置所有制差异的根本原因在于政府行政权力与国有企业垄断，即行政垄断，表现为政府对市场施加直接或间接的干预。王珏等（2015）认为地方政府干预会影响信贷配置效率。从信贷数量角度看，地方政府干预对信贷配置效率影响不显著；但从信贷价格角度看，地方政府会损害配置效率，尤其会降低国有企业信贷价格对企业效益的敏感性。张玉苗（2017）认为我国特殊的财政分权制度使得地方政府为了保证自身利益和增强地区竞争力会在经济发展中采取一些行政干预措施，包括对金融体系的干预。

二、金融发展、法制化水平与信贷资源配置

在经济转轨过程中，各地区银行改革进程的不同导致了我国各地区金融发展水平的不同（Brandt and Li，2003），而各地区金融发展水平的不同，有可能导致国有银行的差别贷款行为也存在着差别。金融发展是优化还是恶化了资源配置的效率？Garcíaherrero 等（2005）认为在金融发展水平较高的地区，银行的市场化改革更加深入，各银行之间的竞争也更加激烈，因此，这些地区的银行在发放贷款尤其是长期贷款时会更多地考虑盈利而非政治因素，银行对不同产权性质企业的贷款差异会被弱化。江伟、李斌（2006）在考察我国国有银行对不同性质的公司发放长期贷款中的差别贷款时发现，在政府干预程度比较低的地区以及金融发展水平比较高的地区，国有银行对不同性质公司的差别贷款行为有所减少。江伟和曾业勤（2013）认为，在民营企业和金融发展水平较高的地区，企业提供的商业信用净额越多，其获得的银行贷款越多。郑军等（2013）发现，在金融发展落后的地区，内控质量的提高能有效提升企业获取新增贷款的可能性。Hopenhayn（2014）基于微观企业视角，发现金融发展可以通过两种渠道提升资源配置效率，促进经济增长：①提高微观企业间资本配置效率；②通过提升在位企业的经济决策能力，间接改善企业资源配置效率。

余明桂、潘红波（2008）认为，在信贷市场上，法律的主要作用是保证债权债务合约得到有效执行，增加对企业的贷款，减少银行的风险，保障银行的权益。“法与金融”理论（La Porta et al.，1998）认为，法律权力与执行质量、金融发展水平的提高对金融资源低效配置产生的负面效应有显著的改善效应。La Porta 等使用 49 个国家和经济体的数据，对保护投资者的法律及执行质量进行研究。结果表明：第一，世界各地的法律差异很大。很多地方法律仅给予投资者有限的权力，普通法系的国家给予投资者的保护最强。在不同的法律管辖区，股东或者债权人的权力存在不同，而且这种不同是由于法律不同，而不是证券自身的不同造成的。第二，世界各国的法律执行差别也很大。与法律权力本身不同，收

入水平越高的国家，法律的执行质量越高。第三，各国会发展一些替代机制以保护投资者。其中一些替代机制是法定的，例如强制性股息或法定准备金要求等，另一种投资者保护不善的适应机制是企业所有权集中。La Porta 等（1998）发现，平均而言，上市公司近一半的股权由三大股东持有。良好的会计准则和股东保护措施与较低的所有权集中度相关，这从另一个角度变相说明股权集中度确实是对投资者保护不善的一种反映。Qian 和 Strahan（2007）研究发现，法律和制度上的差异显著影响银行贷款的所有权和期限。在强有力法律环境下，贷款拥有更集中的所有权、更长的期限和更低的利率。外资银行对法律和制度环境尤为敏感，随着债权人保护力度的降低，相对于国内银行而言，外资银行对贷款的所有权有所下降。

Diamond（1991）和 Rajan（1992）认为，为有效控制风险，当制度环境中的法律水平不能有效保护债权人权利时，银行使用短期债务的方式控制企业的机会主义，而当法律水平提升，法制机制健全，银行等债权人的权力能够得到有效保护时，银行就不再需要通过缩短债务期限控制债务人，因此企业能够获得更长的信贷期限。Booth 等（2001）、Giannetti（2003）、Demirguc – Kunt 和 Maksimovic（1996）、Beck 等（2004）、Mitton（2008）等从企业层面，研究法与金融对企业债务融资的影响，结果发现法律（法律水平、法律执行程度等）和金融发展是影响企业间债务融资规模和期限差异的重要因素。Booth 等（2001）认为，在法律对债权人保护较好和法律执行较好的国家，企业能够获得更多的债务融资。Giannetti（2003）使用非上市公司数据研究了企业特征、法律规则和财务发展对企业财务决策的影响，认为制度在企业财务决策中发挥着重要作用。Jappelli 等（2005）的研究发现，司法效率的提高不仅可以减少契约执行的成本，使得借款人的违约成本增加，而且可以有效提高银行的贷款意愿，从而使企业的信贷约束得到缓解。国内学者们对我国法律环境与信贷资源配置的研究结论与国外学者相似，普遍认为，我国的法律环境不健全，司法体系缺乏相对独立性，因此法律在保障债权人权利等方面有所限制（Allen et al.，2005；余明桂、潘红波，2008）。我国的信贷契约在执行过程中，受地方政府干预较多，债务人主体为国有企业时受到的干预更多。地方政府不愿辖内国有企业被破产清算，因此会干预地方司法体系对企业的破产诉讼，使债权人不能有效执行贷款合约。因此，银行更愿意提供短期债务融资来对上市公司进行监督和控制（江伟和李斌，2006）。江伟和姚文韬（2016）以2007年《中华人民共和国物权法》的实施为切入点，分析认为国有公司和所处地区金融发展水平较高的公司会更多地采用应收账款质押融资。邓路等（2016）认为国有上市公司的超额银行借款显著多于非国有上市公司，但随着制度环境的改善，二者之间的差异会减少。耿嘉良（2018）认为强化金融监管并不会制约银行的信贷供给，影子银行的规范发展会对实体经济融资产生明显的正向影响。朱太辉等（2018）认为政府的隐形担保和利差管制、行业企业的资产规模和抵押属性、银行粗放的发展模式和经营偏好相互促进，导致信贷资源被更多地投放在产出效率相对低下的国有、大型企业等，因此应大力推进金融市场化改革和相应配套性制度设施建设。沈永建等（2018）发现，在金融抑制的背景下，除显性信贷契约外，银企之间存在将部分贷款转为存款冻结留存的隐形契约，且在货币政策紧缩时期贷款留存的可能性会增加。他们分析认为，相较而言，民营企业相对国有企业贷款被留存的可能性更大。

第六节　本章小结

通过对相关文献的梳理，本书发现：①关于我国信贷资源配置是否存在所有制差异，学者们并未得出一致的结论，这给本书提供了研究的空间；②以往的研究未将信贷资源配置与银行信贷实务工作相结合，因此研究的过程和结论在政策指导层面存在欠缺；③已知货币政策通过信贷渠道影响银行信贷资源配置，但货币政策对信贷资源配置中的所有制差异是否存在显著作用仍缺乏相应的结论，尚不清楚宽松的货币政策环境会改善还是进一步恶化所有制差异；④制度环境影响信贷资源配置，尚不清楚政府干预会弱化银行对不同性质企业的差别贷款行为

（Garcíaherrero et al. ，2005）还是仅对信贷配置的某一方面（数量或价格）有影响（王珏等，2015）。法律（法律水平、法律执行程度等）和金融发展是解释企业间债务融资规模和期限差异的重要因素。随着制度环境的改善，国有企业和民营企业之间的信贷配置差异会如何变化？以上是本书致力于解决的问题。本书将通过分析我国信贷资源配置的现状，把握我国信贷资源配置的特点与存在的问题，展开后续研究。

第三章 我国不同产权企业发展与信贷配置对比分析

改革开放40年来，我国实现了经济的高速增长。在我国经济增长中，投资拉动起到了举足轻重的作用。我国的投资主要来源于间接融资，即银行的信贷支持。信贷配置对经济增长和经济结构调整具有重要作用。信贷配置效率直接影响着经济发展的质量，提升信贷资源配置效率可以有效促进我国经济转向高质量发展阶段。然而，现阶段我国仍存在一定程度的金融抑制，信贷市场存在着信贷配给行为（Allen et al.，2005；顾海峰，2013；邢毅，2015；丁丹，2018），不同产权性质的企业受到歧视性的融资约束。其中，国有企业，尤其是国有企业中的大规模企业融资优势强，募集资金的能力强，往往能够得到足够的，甚至是超过企业生产经营需要的资金；而民营企业，尤其是民营企业中的中小企业则很难得到与生产经营发展需要匹配的融资。近年来我国民营经济快速发展，民营经济在国民经济中的比重逐步提升，实体经济转型成为以非国有企业为主体的经济形态，民营经济的经营绩效和对社会经济的贡献明显高于国有企业。但在融资层面，大部分银行信贷资源主要流向国有企业，民营企业无法得到与其经济地位相匹配的信贷支持，民营企业和国有企业之间存在显著的信贷配置差异。卢峰和姚洋（2004）发现，非国有企业获得的银行正式贷款不到20%，80%以上都流向国有企业。刘小玄和周晓艳（2011）的统计分析显示，2007年规模以上的工业企业部门中，非国有企业的总销售额和总就业人数均超过了90%，在国民经济中的占比越来越高；而在金融部门，非国有企业获得信贷配置的比例却恰恰相反。诸多现象表明，2004年以来，金融资源有向国有部门集中的趋势。国有企业与非国有企业获得的信贷配置差异见图3-1。

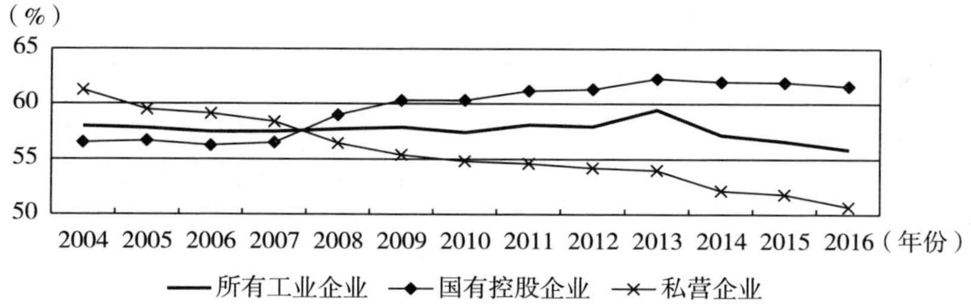

图3-1　2004~2016年国有和非国有规模以上工业企业负债率

数据来源：Wind数据库。

图3-1是以工业部门为例绘制的2004~2016年国有和非国有企业负债率变化曲线。负债率反映企业的负债程度。我国企业融资仍以银行间接融资为主，所以负债率也反映了企业获得的银行信贷水平，负债率曲线初步刻画出了国有企业和民营企业在信贷配置层面的显著差异。2004年以来国有企业的负债率逐年上升，从56.52%上升至61.58%，上涨约5个百分点；而非国有企业的负债率大幅下降，从61.24%下降为50.67%，下降约10个百分点。国有企业、大规模企业融资优势强，民营企业、小规模企业则难以从正规金融体系获得融资。本章使用统计数据对我国民营企业和国有企业的发展现状、经济地位和信贷资源配置进行对比分析，把握我国民营企业和国有企业信贷配置的真实状况，总结信贷配置的特点和存在的问题，以进一步推进后续章节的深入分析。

第一节　国有经济和民营经济发展现状对比

改革开放以来，我国经济体制发生了深刻的变化，资源配置方式、市场化进程、宏观调控机制等也随之发生改变。所有制的变化是经济体制中最根本的变化，体现在所有制结构的变化和所有制实现形式的变化两个方面。所有制结构的变化指国有产权比重的下降和非国有产权比重的上升。本书从企业单位数量、总资产规模、资产结构、经营情况、盈利能力等方面对国有经济和民营经济的发展情况进行对比分析。根据《中国统计年鉴（2018）》整理了“按登记注册类型划分的规模以上工业企业类型”（见表 3 –1）。下文分析的国有企业包括内资企业中的“国有企业”“联营企业中的国有联营企业”“国有与集体联营企业”“有限责任公司中的国有独资企业”，民营企业包括内资企业中的“私营独资企业”“私营合伙企业”“私营有限责任公司”“私营股份有限公司”。港澳台商投资企业和外商投资企业的融资方式与内资企业存在较大差异，本书不作分析。

表 3 –1　按登记注册类型划分的规模以上工业企业类型

<table>
<tr><td rowspan="15">内资企业</td><td colspan="2">国有企业</td></tr>
<tr><td colspan="2">集体企业</td></tr>
<tr><td colspan="2">股份合作企业</td></tr>
<tr><td rowspan="4">联营企业</td><td>国有联营企业</td></tr>
<tr><td>集体联营企业</td></tr>
<tr><td>国有与集体联营企业</td></tr>
<tr><td>其他联营企业</td></tr>
<tr><td rowspan="2">有限责任公司</td><td>国有独资公司</td></tr>
<tr><td>其他有限责任公司</td></tr>
<tr><td colspan="2">股份有限公司</td></tr>
<tr><td rowspan="4">私营企业</td><td>私营独资企业</td></tr>
<tr><td>私营合伙企业</td></tr>
<tr><td>私营有限责任公司</td></tr>
<tr><td>私营股份有限公司</td></tr>
<tr><td colspan="2">其他企业</td></tr>
</table>

续表

港澳台商投资企业	合资经营企业（港、澳、台资）
	合作经营企业（港、澳、台资）
	港、澳、台商独资经营企业
	港、澳、台商投资股份有限公司
	其他港、澳、台商投资企业
外商投资企业	中外合资经营企业
	中外合作经营企业
	外资企业
	外商投资股份有限公司
	其他外商投资企业

资料来源：根据《中国统计年鉴（2018）》整理。

一、单位数量

民营企业数量和比重大幅上升，民营企业和国有企业在经济中所占的比重有所改变。

2000～2016年，全国企业单位数量逐年上升，得到快速发展。民营经济不断壮大，单位数量和所占比例逐年提高，但国有企业数量和比重却逐年下滑，民营企业和国有企业在经济中的占比发生改变（见图3－2）。以规模以上工业企业为例，2000～2016年，全国企业数量（单位：个）从16万增长至38万，增长了约1.38倍。其中民营企业从2.2万增加至21.4万①，所占比例从14%增长至57%，成为国民经济发展的重要力量。国有企业不增反降，从4.5万下降至0.6万，所占比例从27.64%下降至不到2%（见图3－3）。在工业领域，2016年民营企业单位数量达到国有企业数量的36倍之多。我国的三次经济普查数据也反映了这一变化趋势②。普查数据显示，2004年全国企业单位总量52万，其中国

① 2011年统计范围由年主营业务500万元以上企业变更为2000万元以上企业，因此民营企业单位数量在统计上才显示为下降趋势。

② 2004《全国经济普查条例》发布后共进行三次经济普查，时间分别为2004年、2008年、2013年。

有企业 10.9 万，占比 20.96%；2008 年全国企业单位总量增加至 71 万，其中国有企业 11.2 万，占比 15.77%；2013 年全国企业单位总量 108 万，其中国有企业 11.7 万，占比 10.83%，国有企业在经济中的比重逐年下滑。

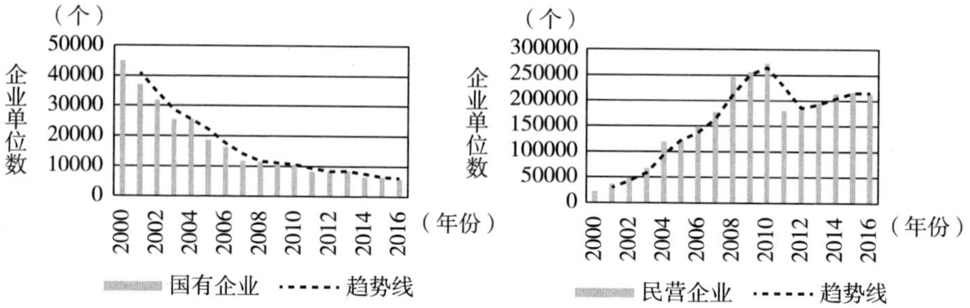

图 3－2　2000～2016 年国有和民营规模以上工业企业单位数

数据来源：Wind 数据库。

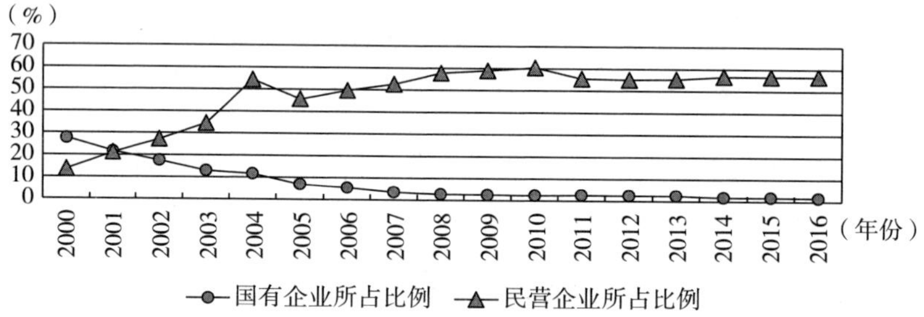

图 3－3　2000～2016 年国有和民营规模以上工业企业单位数量所占比例

数据来源：Wind 数据库。

二、总资产规模

民营企业增长迅速，国有企业增长缓慢。

2000～2016 年，全国规模以上工业企业资产规模大幅增加，总资产从 13 万亿元增长至 109 万亿元，增长 7 倍以上。民营企业资产规模增长迅速，国有企业增长缓慢（见图 3－4）。民营企业资产规模从 3800 亿元增加至 24 万亿元，增长

60余倍。国有企业资产规模从6万亿元增加至16万亿元。对比民营企业和国有企业的资产规模增长变化，民营企业年均增加1.4万亿元，国有企业年均增加6000亿元。民营企业的资产规模存量在2012年实现对国有企业的反超。2016年，民营企业资产规模高于国有企业8万亿元，超出部分相当于国有企业资产规模的1/2。国有企业资产规模在2012年被民营企业反超后，2013年和2014年甚至稍有回落①。

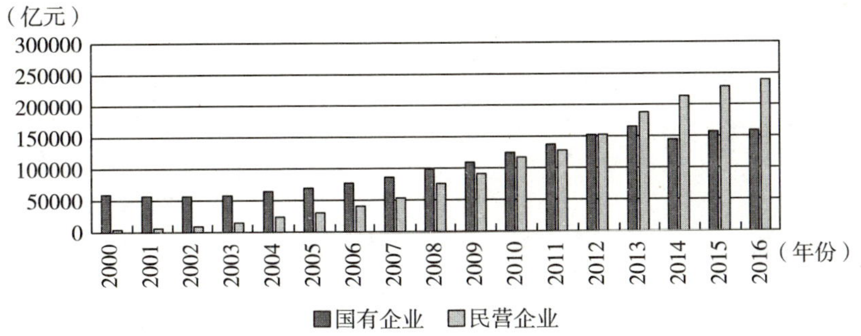

图3-4　2000~2016年国有和民营规模以上工业企业总资产规模

数据来源：Wind数据库。

2000~2016年，国有和民营规模以上工业企业资产占全部规模以上工业企业资产的比重，与企业单位数量所占比重的变化趋势相同，国有企业资产比重逐年下降，而民营企业资产比重逐年上升（见图3-5）。2000年，国有企业比重高达47%，接近全部企业总资产的一半，在经济中占据绝对主导地位；而民营企业比重仅为3.07%，民营企业在经济中的比重较低。随着我国经济体制的深化改革和国有企业产权改革的推进，国有企业比重逐年下降，民营企业比重逐年上升。2016年，国有企业比重已下降至14.6%，民营企业则上升为22.06%。民营企业在经济中的比重越来越高。

① 2013年中共十八届三中全会召开，发布了《中共中央关于全面深化改革若干重大问题的决定》，针对国有经济发展中积累的问题、存在的障碍尤其是产权改革、监管模式等敏感话题进行了直接回应，并提出要“积极发展混合所有制经济”。这一年国有资产管理委员会成立满十年，在国家的反腐浪潮中多位国企高管被调查或免职。同年，铁道部政企分开正式生效，中国铁路总公司正式挂牌成立。

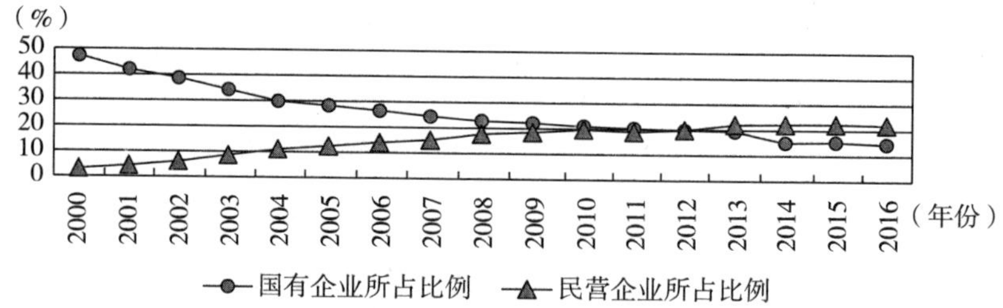

图 3－5　2000～2016 年国有和民营规模以上工业企业总资产规模所占比例

数据来源：Wind 数据库。

三、资产结构

民营企业的固定资产和流动资产均反超国有企业。

2005～2016 年，国有和民营规模以上工业企业的固定资产和流动资产均呈现上涨趋势，但民营企业的固定资产的规模和所占比例均呈现超过国有企业的趋势，2013～2016 年民营企业这两项数据高于国有企业（见图 3－6、图 3－7）。2005 年，国有企业固定资产规模 2.98 万亿元，民营企业 0.97 万亿元，分别占全国工业企业固定资产的 32.11% 和 10.5%。同总资产规模的变化趋势（图 3－5）相同，2012 年民营企业的固定资产规模开始反超国有企业并持续增长。2016 年，国有企业固定资产规模增长至 6.26 万亿元，民营企业增长至 7.81 万亿元，分别占当年全国工业企业固定资产的 17.18% 和 21.43%。年均增长量分别为 0.3 万亿元和 0.6 万亿元，民营企业固定资产年均增量、规模存量和所占比例均高于国有企业，在实体经济中的比重逐步提升。

2005～2016 年，规模以上工业企业流动资产逐年上涨。民营企业增长迅速，国有企业仅小幅上涨，且在 2013 年和 2014 年出现较大幅度下降（见图 3－8、图 3－9）。2005 年，国有企业流动资产规模 2.29 万亿元，民营企业 1.64 万亿元，分别占全国工业企业流动资产的 20.63% 和 14.77%。与 2012 年民营企业总资产规模、固定资产规模反超国有企业不同，2007 年民营企业的流动资产规模已实现反超并逐渐拉大差距。截至 2016 年，国有企业流动资产先上涨后下跌，之后基本平稳，规模保持在4.9万亿元；民营企业则保持年均高速增长，规模达12万亿元。民营企业流动资产规模的增长不仅反映了民营企业自身规模的增长，还反映了民营企业经营绩效良好、资产流动性和周转率较高的特点。

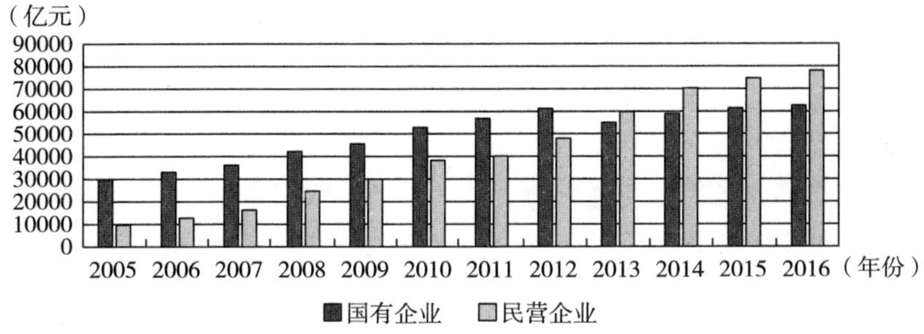

图3-6 2005~2016年国有和民营规模以上工业企业固定资产规模

数据来源：Wind数据库。

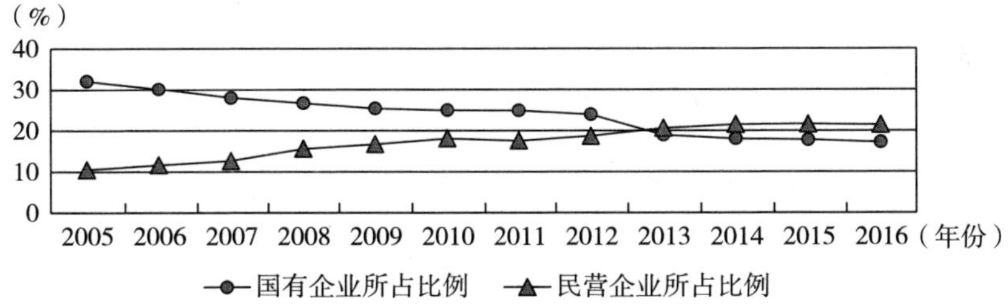

图3-7 2005~2016年国有和民营规模以上工业企业固定资产所占比例

数据来源：Wind数据库。

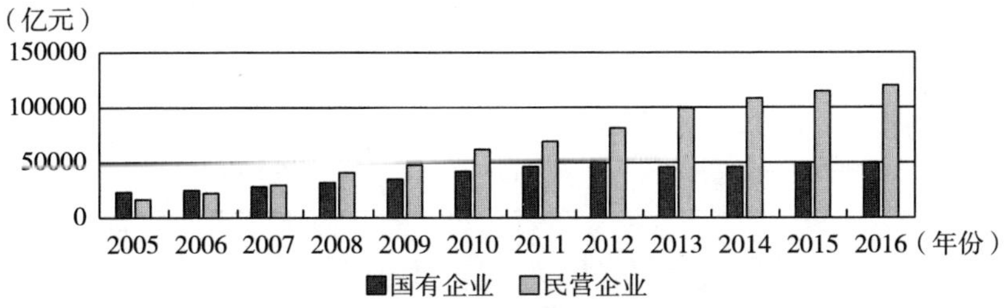

图3-8 2005~2016年国有和民营规模以上工业企业流动资产规模

数据来源：Wind数据库。

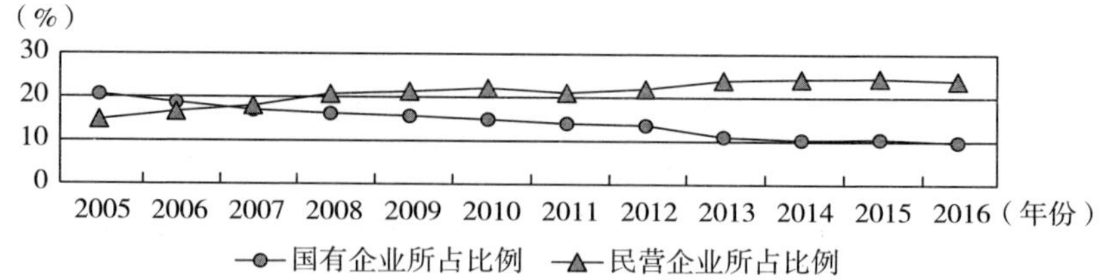

图 3－9　2005～2016 年国有和民营规模以上工业企业流动资产所占比例

数据来源：Wind 数据库。

四、工业销售产值

民营企业逐年增加，国有企业先升后降。

2005～2016 年，国有规模以上工业企业的销售产值呈现先小幅上升后转而下降的态势，民营企业则呈现快速增加的趋势（见图 3－10、图 3－11）。如图所示，民营企业 2007 年反超国有企业并持续拉大差距。2005 年，国有企业工业销售产值 5.5 万亿元，比民营企业高 0.9 万亿元，占全部企业的 22%。2005～2013 年，国有企业年均增长率约为 12%，但 2013～2016 年却转为下降态势，年均下降额约为 0.3 万亿元。与国有企业不同，民营企业在 2005～2016 年间一直保持高速增长，年均增长率 21.98%，工业销售产值规模从 4.6 万亿元增长至 41.4 万亿元，增长近 8 倍，约为同期国有企业的 3 倍。民营企业所占比重从 2005 年的 18.82% 上升至 2016 年的 36%，比国有企业 2016 年的销售产值比例高 24%。

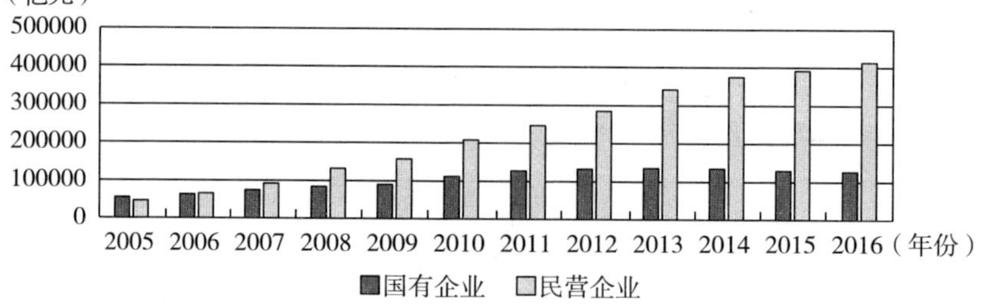

图 3－10　2005～2016 年国有和民营规模以上工业企业工业销售产值规模

数据来源：Wind 数据库。

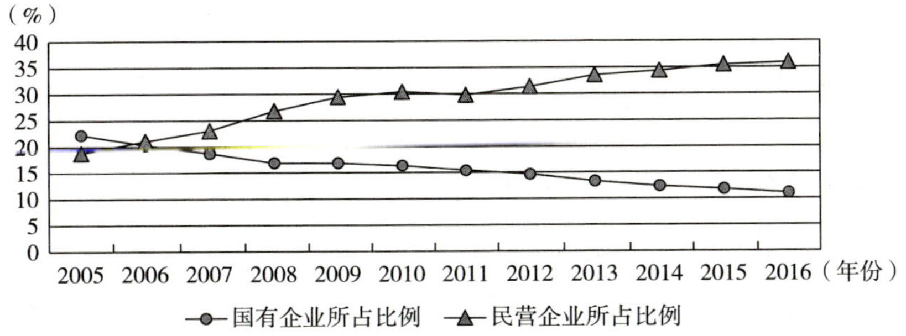

图 3-11　2005~2016 年国有和民营规模以上工业企业工业销售产值所占比例

数据来源：Wind 数据库。

2005~2016 年，无论是全国层面还是国有企业、民营企业层面，规模以上工业企业的工业增加值累计同比都出现了曲折下降的态势（见图 3-12）。具体而言，总体趋势在 2005~2007 年小幅上升，2007~2009 年大幅下降，2010 年短暂上升，2010~2016 年持续下降。但是从总体看，2005~2016 年，民营企业增加值累计同比增长始终高于国有企业和全国层面，说明民营企业的工业增加值对全国层面起到了拉动增长的作用。

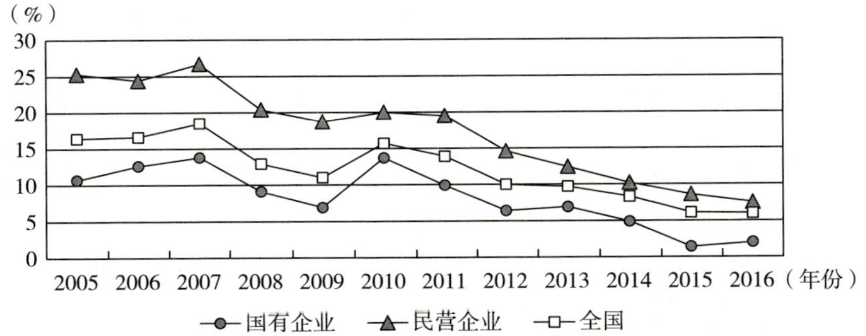

图 3-12　2005~2016 年国有和民营规模以上工业企业工业增加值累计同比增长

数据来源：Wind 数据库。

五、盈利能力

整体呈现先升后降的倒 U 形趋势，民营企业显著高于国有企业。

2002～2017 年，我国企业的盈利能力呈现先波动上升后波动下降的倒 U 形趋势。本文选取企业总资产报酬率衡量企业盈利能力（见表 3－2）。分阶段看，2002～2007 年，我国企业的总资产报酬率呈整体上升趋势；2008 年受国际金融危机影响，总资产报酬率大幅下降约 2 个百分点；之后逐年恢复，2011 年回升至金融危机前的水平；2012 年之后我国进入经济新常态，企业的总资产报酬率呈现逐年下降趋势，2015 年国有企业的总资产报酬率已降至 2002 年的水平。2002～2017 年，无论整体宏观经济形势是处于上升还是下降期，除 2002～2005 年外，其余年份民营企业的总资产报酬率都要高于国有企业。2006～2017 年，民营企业的平均总资产报酬率为 7.2%，国有企业为 5.7%，民营企业超出国有企业 1.5 个百分点，说明我国民营企业的经营绩效和盈利能力显著高于国有企业。

表 3－2　2002～2017 年民营企业和国有企业的总资产报酬率

单位：%

企业类型	2002 年	2003 年	2004 年	2005 年	2006 年	2007 年	2008 年	2009 年
民营企业	3.768	4.321	4.770	3.378	6.232	9.132	7.194	7.836
国有企业	4.209	4.548	5.068	4.281	5.755	7.356	5.258	5.795
所有企业	4.148	4.517	4.990	4.038	5.902	7.970	5.981	6.626
企业类型	2010 年	2011 年	2012 年	2013 年	2014 年	2015 年	2016 年	2017 年
民营企业	8.886	8.197	6.857	6.209	6.626	6.509	6.542	6.281
国有企业	6.921	6.63	5.834	5.416	4.846	4.148	4.872	5.323
所有企业	7.881	7.504	6.428	5.877	5.916	5.638	5.923	5.927

数据来源：Wind 数据库。

第二节　国有经济和民营经济信贷资源配置对比

一、民营企业和国有企业的融资规模差异①

从企业的资产负债率来看（见图3－13）：2002～2017年，无论是从所有企业层面来看，还是单独考察国有企业和民营企业，资产负债率都呈波动下降趋势，这表明我国企业的负债程度有所下降。在考察期内，国有企业的资产负债率始终显著高于民营企业，国有企业负债率均值为50.95%，民营企业为38.97%，国有企业比民营企业高接近12个百分点，国有企业的融资规模和负债程度显著高于民营企业。

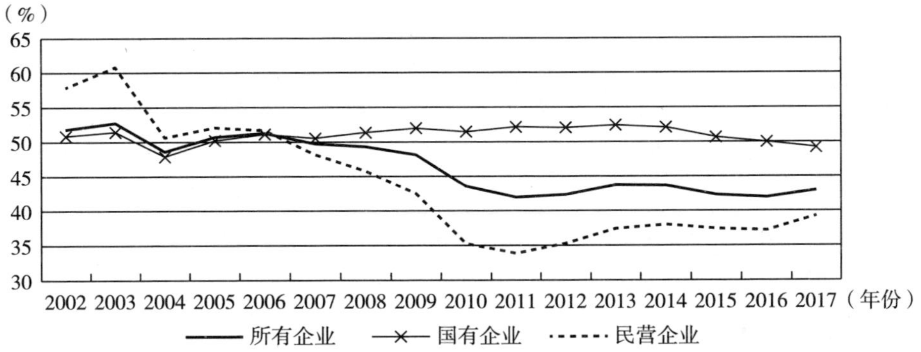

图3－13　2002～2017年国有企业和民营企业资产负债率

数据来源：Wind数据库。

① 本部分使用2002～2017年我国全部A股上市公司的数据，对民营企业和国有企业的信贷资源配置差异进行分析，数据来源于Wind数据库，相关数据见后文附录B。

从企业的负债规模来看（见表3－3）：①2002～2017年，民营企业和国有企业的流动负债都呈递增趋势，表明随着国内宏观经济的发展，企业的负债规模越来越大。②2002～2017年，民营企业流动负债规模的增量小于国有企业。民营企业从6.78亿元增加至35.14亿元，绝对量增加28.36亿元，增加了4倍有余；国有企业从10.09亿元增加至93.26亿元，绝对量增加83.17亿元，增加了8.24倍。民营企业和国有企业的流动负债差距从3.31亿元增加至58.12亿元。民营企业流动负债的增量远小于国有企业的增量，民营企业和国有企业流动负债规模差距拉大。③我国企业的总负债规模从2002年的11.25亿元增加至2017年的82.41亿元，其中民营企业从2002年的7.26亿元增加至2017年的48.54亿元，国有企业从2002年的11.89亿元增加至2017年的140.1亿元。国有企业的负债规模拉高了我国企业的总负债水平。由此可见，无论是流动负债还是总负债水平方面，我国民营企业都要显著低于国有企业，民营企业的负债水平与国有企业的负债水平存在显著的差距。

表3－3　2002～2017年国有企业和民营企业负债规模

单位：亿元

流动负债规模								
企业类型	2002年	2003年	2004年	2005年	2006年	2007年	2008年	2009年
民营企业	6.78	6.79	7.56	8.02	9.53	9.91	10.13	10.80
国有企业	10.09	11.69	13.53	16.28	21.34	28.49	34.16	41.90
所有企业	9.63	11.01	11.96	14.06	17.71	22.06	25.19	29.24
企业类型	2010年	2011年	2012年	2013年	2014年	2015年	2016年	2017年
民营企业	10.99	13.17	14.45	17.80	20.13	23.46	28.65	35.14
国有企业	48.98	58.30	63.20	68.96	74.73	79.21	86.57	93.26
所有企业	30.41	33.15	34.89	39.24	41.90	44.03	50.14	56.63
总负债规模								
企业类型	2002年	2003年	2004年	2005年	2006年	2007年	2008年	2009年
民营企业	7.26	7.39	8.70	9.30	11.25	11.85	12.08	13.48
国有企业	11.89	13.34	18.33	21.89	29.56	40.49	50.41	64.96
所有企业	11.25	12.51	15.80	18.50	23.94	30.58	36.11	44.01

续表

总负债规模								
企业类型	2010 年	2011 年	2012 年	2013 年	2014 年	2015 年	2016 年	2017 年
民营企业	13. 62	16. 13	18. 30	22. 84	25. 90	31. 00	40. 35	48. 54
国有企业	74. 09	87. 01	95. 39	104. 10	113. 60	122. 20	132. 10	140. 10
所有企业	44. 54	47. 51	50. 63	56. 90	60. 87	64. 63	74. 37	82. 41

注：负债规模是指上市公司负债规模的均值，国有企业负债规模 = 国有企业负债总规模/国有企业数量，民营企业负债规模 = 民营企业负债总规模/民营企业数量。

数据来源：根据 Wind 数据库整理和计算所得。

从企业的短期借款来看（见图 3 – 14）：①2002 年民营企业和国有企业的短期借款规模相近，民营企业的短期借款绝对数甚至略高于国有企业，国有企业为 3. 16 亿元，民营企业为 3. 28 亿元；②2002 ~ 2017 年，民营企业和国有企业的短期借款规模均呈现上升趋势，民营企业趋势线的斜率低于国有企业趋势线的斜率，即民营企业的增长率低于国有企业的增长率；③2017 年，国有企业的短期借款相较 2002 年增加 18. 11 亿元，而民营企业仅增加 4. 88 亿元。国有企业拉高了所有企业的短期借款规模。国有企业的短期借款显著高于民营企业。

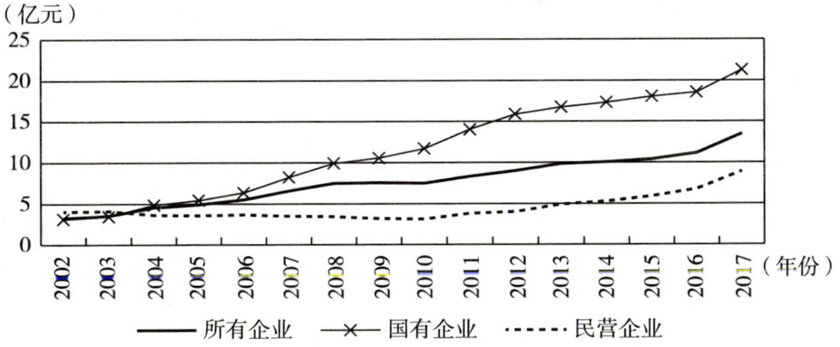

图 3 – 14　2002 ~ 2017 年国有企业和民营企业短期借款规模

数据来源：Wind 数据库。

从企业的长期借款来看（见图 3-15）：①2002 年我国企业的长期借款规模较小，民营企业和国有企业之间虽有差距，但差距较小；②2002~2017 年，民营企业和国有企业在长期借款上的差距逐渐增大，这主要是由于国有企业的增长率远高于民营企业的增长率。从图 3-15 可以看出，国有企业趋势线的斜率较大，曲线较为陡峭，而民营企业的趋势线则较为平缓，2002~2010 年的斜率接近 0，几乎无增长，2011 年之后才稍有起色，逐步增加；③由于国有企业和民营企业的增量差异，在 2002~2017 年，国有企业的长期借款增量远大于民营企业，因此 2017 年我国国有企业长期借款的存量规模已经远高于民营企业。在长期借款方面，民营企业和国有企业也存在着显著差异。

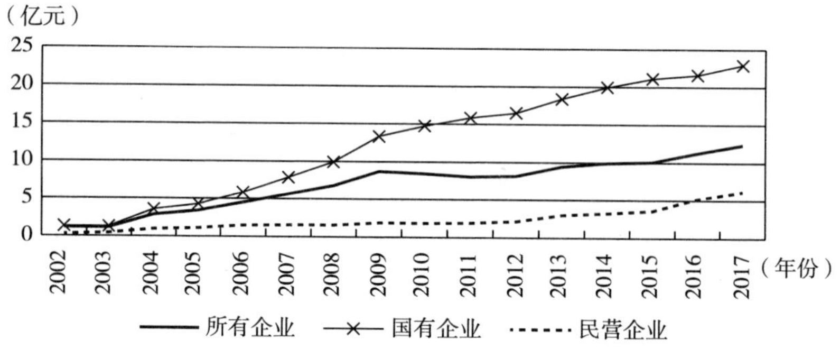

图 3-15　2002~2017 年国有企业和民营企业长期借款规模

数据来源：Wind 数据库。

从企业的人均借款规模来看（见图 3-16）：①2004 年民营企业的人均借款规模为 75.27 万元，国有企业的人均借款规模为 105.93 万元，民营企业显著低于国有企业，差距超过 30 万元，接近民营企业人均借款规模的 40%。②2004~2017 年，民营企业和国有企业的人均借款规模差距经历了先扩大后缩小的波动过程。民营企业和国有企业的最大差距出现在 2010 年，最大差距数额为 99.77 万元。原因可能是 2009 年的“四万亿”投资计划，将资金主要以贷款形式投放到市场上，而在我国以公有制为主体的经济中，国有经济承担了拉动经济增长、促进就业等社会职能，承接了更多的贷款，导致国有企业人均借款规模远远超过民营企业人均借款规模。③民营企业和国有企业的人均借款规模经过波动发展后，随着我国供给侧改革等促进经济结构调整的措施的出台，2017 年民营企业和国有企业的人均借款规模差异逐步缩减到 2004 年的水平，约为 31 万元。④从数额上看，以 2012 年为拐点，国有企业的人均借款规模经历了先波动上升、后波动下降的过程，民营企业则与之相反，经历了先波动下降、后持续上升的过程。从 2004～2017 年整个考察期看，无论民营企业和国有企业的规模处于上升期还是下降器，民营企业的人均借款规模始终低于国有企业，与国有企业存在显著的差距。

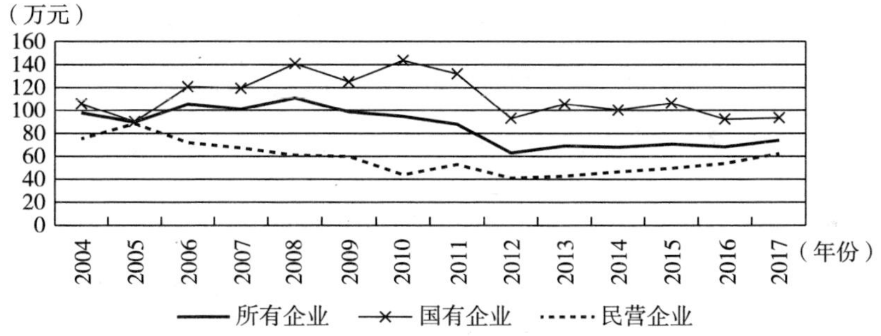

图 3－16　2004～2017 年国有企业和民营企业人均借款规模

数据来源：Wind 数据库。

二、民营企业和国有企业的借款期限结构差异

我国信贷市场上的利率市场化进程缓慢，自 1996 年以来已推进了二十多年。当前我国信贷市场的利率市场化并未完全完成，存贷利差仍主要参照中央人行公布的存贷款基准利率。在贷款价格调整受限的情况下，对银行而言，贷款期限成为信贷资源配置的重要竞争替代手段。另一方面，从企业的角度来看，Dimond（1991）认为短期借款更易受到银行更为严厉的监督，并且频繁地与银行进行谈判会加大企业的交易成本，而长期借款则不但节约谈判成本，而且可以使企业避免陷入再融资的困境，因此分析企业的借款期限结构具有重要的理论和实践意

义。参照马君潞等（2013）、方军雄（2010）、余明桂和潘红波（2008）、江伟和李斌（2006）分析企业借款期限的指标，本部分使用长期借款与总资产的比例衡量企业的长期负债比率、使用企业的长期借款占总借款的比例衡量企业的借款期限结构。

从企业的长期负债比率来看（图3－17）：①2002～2017年，我国企业的长期负债比率呈波动发展趋势，2009年出现一次明显的拐点。2009年之前，企业的长期负债比率大致呈波动上升趋势，2009年之后则呈波动下降趋势；②2002～2017年，我国民营企业的长期负债比率始终显著低于国有企业，平均相差约为3.27个百分点；③2002～2009年，我国所有企业的平均长期负债比率从4.16%增长到6.76%，2017年重新下降至4.37%，我国实体经济去杠杆初见成效。从企业长期负债比率来看，民营企业与国有企业存在显著的差距。

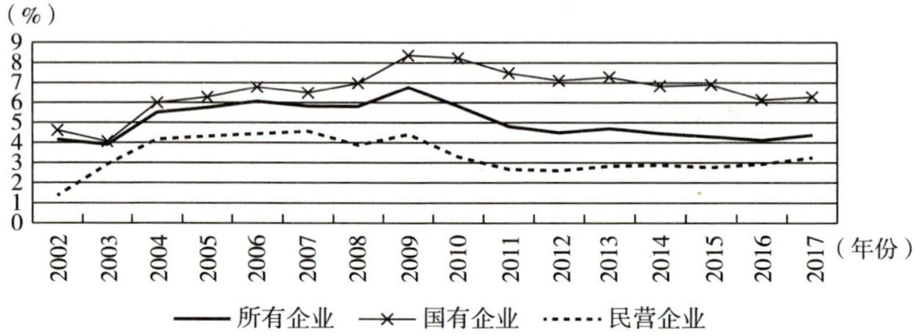

图3－17　2002～2017年国有企业和民营企业长期负债比率

数据来源：Wind数据库。

从企业的债务期限结构来看（见图3－18）：①2002年，民营企业的长期借款比重较低，仅为3.9%；国有企业则较高，长期借款占总借款的比重达到22.2%，超过总借款的1/5。②2002～2017年，民营企业和国有企业的长期借款比重均呈现波动上升的趋势，2011年开始增长较为平缓。③2017年，民营企业的长期借款比重提升至23.9%，国有企业的长期借款比重提升至37%，民营企业与国有企业的差距较2002年的差距缩小。④2002～2017年，民营企业的长期借款比重始终低于国有企业，与国有企业存在显著的差距。

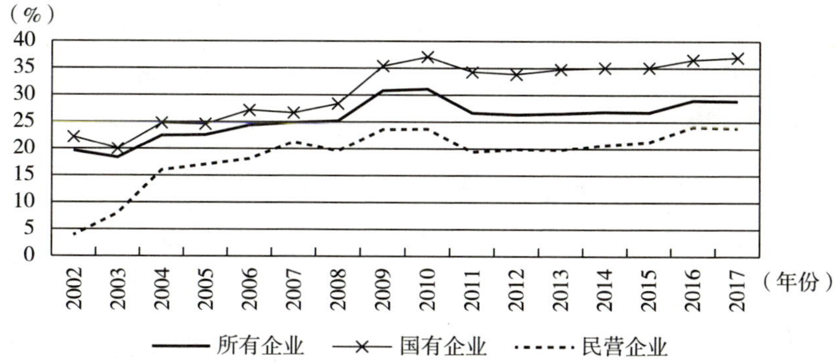

图3－18　2002～2017年国有企业和民营企业借款期限结构

数据来源：Wind数据库。

三、民营企业和国有企业的融资成本差异

我国民营企业和国有企业的信贷资源配置差异不仅体现在融资规模、期限结构方面，也体现在融资成本方面。自1996年以来，我国的利率市场化已经推进了二十多年，中央银行对商业银行等金融机构的存贷款利率限制逐渐放开。但是目前我国中央银行仍然继续公布贷款基准利率，实际信贷发放中各商业银行也仍以基准利率为基础制定对借款人发放贷款的利率。银行具有一定范围内的信贷资源价格浮动决定权。本书参照刘小玄和周晓艳（2011）、邢志平和靳来群（2016）关于融资成本的测量方法，设定融资成本（利息率）＝财务费用/企业总负债，使用我国上市公司2002～2017年的数据，比较民营企业和国有企业的融资成本差异。

1. 贷款利率的国际比较

本书根据世界银行数据库的贷款利率数据绘制了2002～2017年的贷款利率国际对比图，涵盖了中国、美国、日本、英国、韩国、新加坡等经济体（见图3－19）。可以看出，美国2009年之前维持了较高的贷款利率，2006年高达7.96%。由于2008年国际金融危机，2009年美国贷款利率下降至3.25%。日本维持了较长时间的低利率，贷款利率水平显著低于其他国家，这与日本经济20世纪90年代以来处在“失去的十年”甚至“失去的二十年”相对应。2009年之前，英国的贷款利率水平与日本以外的其他经济体相似，但在2009年从2008年的4.68%大幅下降至0.65%，并于2010年进一步下降至0.5%，这与当时的欧洲债务危机相对应。新兴经济体中，新加坡利率长期维持在5.38%附近，韩国利率则随着国际经济环境的趋势而上下波动。中国的贷款利率水平相较发达经济体而言较高。2009年之后，中国的贷款利率高于美国、日本、英国等经济体。国际金融危机发生之后，随着世界主要经济体贷款利率大幅下行，我国的贷款利率虽然存在波动，但却仍维持了较高的利率水平。我国企业的融资成本相较发达经济体而言整体偏高。

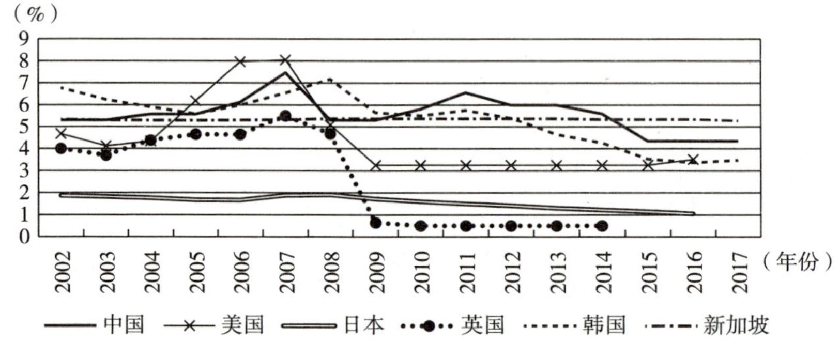

图3-19　2002~2017年世界主要经济体贷款利率比较

数据来源：世界银行数据库。

2. 民营企业和国有企业融资成本比较

邢志平和靳来群（2016）对国有部门和非国有部门的融资成本进行了比较，结果表明“前者融资成本平均值为3.68%，标准差为2.58；后者融资成本平均值为9.47%，标准差为6.84。国有部门融资成本的均值不仅小于民营部门，而且融资成本的离散程度也要小于民营部门，各个国有企业的融资成本较为一致。”利用2002~2017年中国上市公司数据，本书对民营企业和国有企业的融资成本差异进行比较（见图3-20）。结果表明，使用上市公司数据测算的企业融资成本与邢志平和靳来群（2016）使用中国工业企业数据测算的企业融资成本相比而言数值较小，并且低于图3-19中我国的贷款利率水平。这是由于按照2007年施行的《企业会计准则》，企业的财务费用=利息支出-利息收入+汇兑损失-汇兑收益+其他手续费。一方面，上市公司的企业存款相比工业企业数据库中的企业而言规模较大，因此“利息收入”项较高，并且上市公司普遍存在正的“汇兑收益”，因此上市公司财务费用/企业总负债比使用工业企业数据测算的值小；另一方面，本部分的融资成本用财务费用/企业总负债替代，企业的总负债不仅包含银行贷款，也包含应付账款、长期应付账款等负债，因此测算值比实际贷款利率水平要低。但在上市公司中，国有企业和民营企业所面临的情况一致，因此仍用财务费用/企业总负债大致比较二者融资成本。

从企业的融资成本可以看出（见图3-20）：①2002~2017年，民营企业的融资成本普遍高于国有企业；②2002~2017年，民营企业的平均融资成本为1.93%，国有企业的平均融资成本为1.735%，民营企业的融资成本高于国有企业195个基点；[①] ③2002~2017年，民营企业与国有企业的融资成本差距呈现先增大后快速缩小的趋势，2008年二者的差距达到最大值，为768个基点。因此，民营企业不仅在融资规模上与国有企业存在显著的差距，在融资成本上也显著高于国有企业。

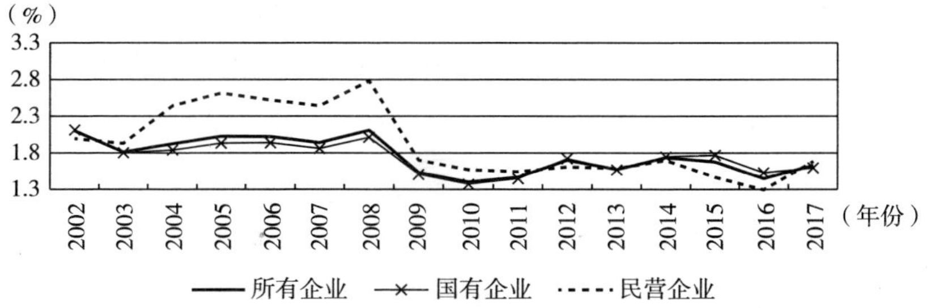

图3-20　2002~2017年国有企业和民营企业融资成本

数据来源：Wind数据库。

① 1个基点为万分之一。

第三节　信贷资源配置失衡的经济效应

国际金融危机以后，世界经济金融形势发生了大幅度的波动，全球经济缓慢复苏。在金融危机期间，为了维持我国经济的高速增长，我国推出“四万亿”财政刺激计划，社会融资规模尤其是信贷融资规模大幅上升，但是信贷资源配置并不均衡，信贷资源在区域间、行业间、不同所有制企业间存在严重的错配。近年来，我国经济增速进入下行区间，在信贷资源错配基础上发展的社会经济中存在的相关问题也逐渐暴露。

一、整体而言，金融未实现“服务于实体经济”的目标

根据上文的分析，近十年来，我国金融业增加值占 GDP 的比重翻了一番，2003～2014 年各项贷款总额从 16.98 万亿元增加至 86.79 万亿元。2014 年贷款总额达到2003 年的 5 倍之多，年均增长率为 16.13%，而同期我国 GDP 的年均增长率为 10.05%。从图 3－21 和图 3－22 金融业、工业占 GDP 的比重和增速对比来看：①2002～2017 年，我国金融业占比大致呈逐年上升的趋势，工业占比则在 2008 年之前呈略微上升趋势，并于 2008 年国际金融危机爆发后逐年下降，这意味着我国金融业的增长并没有推动工业产值占比的上升，而是在金融业占比上升时，工业占比呈波动下降趋势；②从金融业和工业的增速来看，工业增速与 GDP 增速保持了大体一致的趋势，且增速相近。金融业则在 2002～2017 年保持了较高速度的增长，尤其在 2005～2009 年、2013～2015 年间，表明我国金融业的快速增长并未推动工业企业的快速增加，金融服务于实体经济这一目标并未实现。我国正处于经济发展质量变革、效率变革和动力变革时期，面临经济增速换挡、增速下行压力较大的问题，金融业增长与工业下滑共同发生的现象令人担忧。

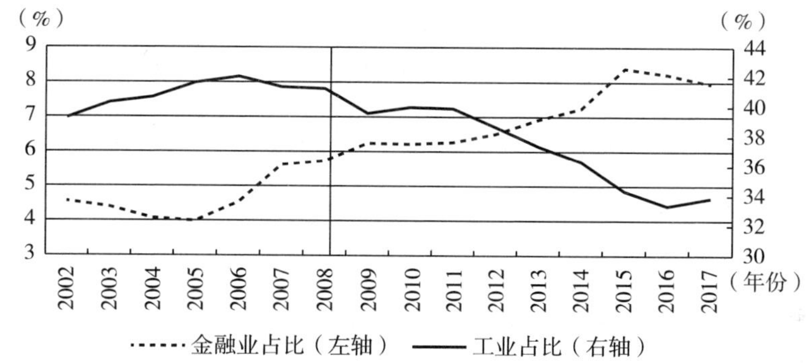

图 3-21 2002~2017 年金融业、工业占 GDP 的比重

数据来源：Wind 数据库。

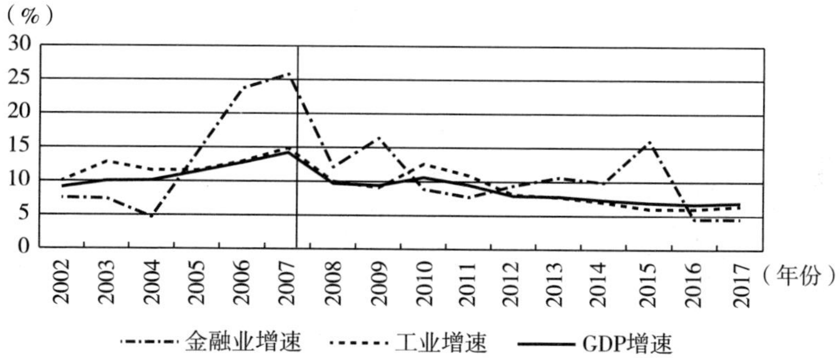

图 3-22 2002~2017 年金融业、工业、GDP 增速对比

数据来源：Wind 数据库。

二、经济系统运行低效，社会产出损失巨大

1. 国内生产总值增速逐年下降，工业企业产能利用率持续走低

近年来，我国的经济增速转入中高速增长，经济结构不断优化升级，经济增长动力从要素驱动、投资驱动转向创新驱动，正处在经济发展质量变革、效率变革、动力变革三大变革期。自 2010 年以来，我国的经济增长速度放缓，增速逐年下降。2010 年 GDP 增速为 10.6%，2013 年下降至 7.8%，2017 年经济增速为

6.9%（见图3-23）。2018年，美国采取单边主义措施，挑起中美贸易战。2018年3月，我国A股市场遭到重创，三大股指暴跌均超过3%，逾3000只股票下跌。我国经济下行压力加大，社会整体经济生产缺乏活力。

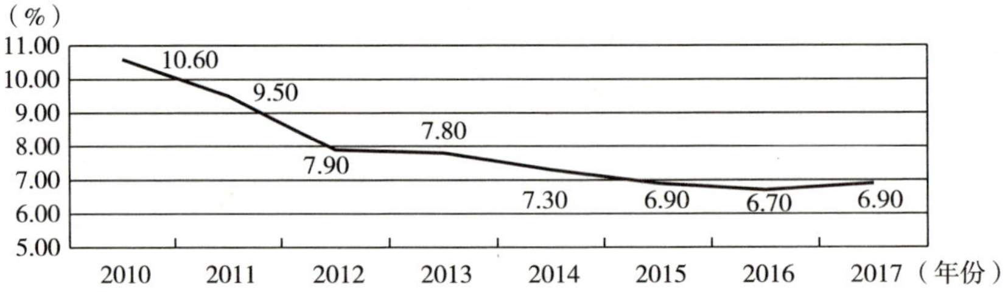

图3-23　2010~2017年我国GDP增速

数据来源：国家统计局网站。

2008年国际金融危机以来，我国工业企业的经营状况和产能利用率持续走低（见图3-24）。除了在2008年和2009年国际金融危机发生期间，自2010年开始我国工业企业的总体经营状况呈明显的下降趋势，产能利用率也持续走低。这说明我国政府的“四万亿”刺激计划在工业领域没有取得明显成效，稳健宽松的货币政策并未使经济发展获得较大起色。

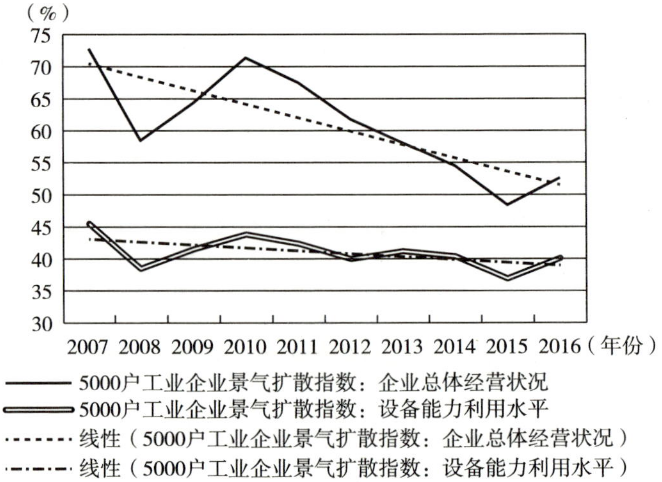

图3-24　2007~2016年工业企业产能利用率

数据来源：Wind数据库。

2. 国有企业经济效益持续走低

随着我国经济进入新常态，经济处于经济增速放缓、经济结构优化、经济增长动力转化的时期，国有企业以较低的融资成本获取大部分信贷资源，与此同时经济效益偏低的问题也日益显现。

从2007～2016年国有企业的经济效益指标看（见图3－25），国有企业的总资产报酬率、净资产利润率、利润率和获利倍数都呈现出下降的趋势。2008年、2009年由于受国际金融危机的影响，上述经济效益指标几乎达到最低点。国有企业的经济效益于2010年回升，2010～2016年保持了持续走低的态势。信贷资源大部分被配置到经济效益持续走低的国有企业中，导致我国信贷资源配置与企业生产效率之间不匹配。信贷资源的不合理配置增加了我国经济下行的压力，削弱了宏观经济的活力。

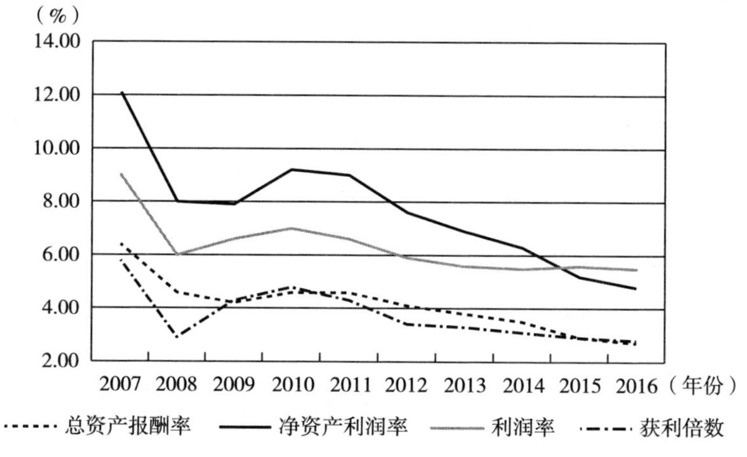

图3－25　2007～2016年国有企业经济效益

数据来源：Wind数据库。

三、银行业不良贷款率提高，经营绩效下降

近年来，随着我国经济增速转入中高速增长，经济增长下行压力加大，我国

银行体系的风险逐渐暴露，银行业不良资产规模和不良贷款率不断扩大和提高（见图3－26）。2010年不良贷款余额规模为4336亿元，2014年规模达到8426亿元，几乎翻了一倍。2017年，不良贷款规模更是快速增加至17057亿元。从不良贷款率来看，从2011年开始，我国商业银行不良贷款率不断提高，从2011年的1.10%提高到2017年的1.74%。不良贷款规模的扩大和不良贷款率的提高表明我国银行业整体的风险承受能力减弱，风险水平增加。

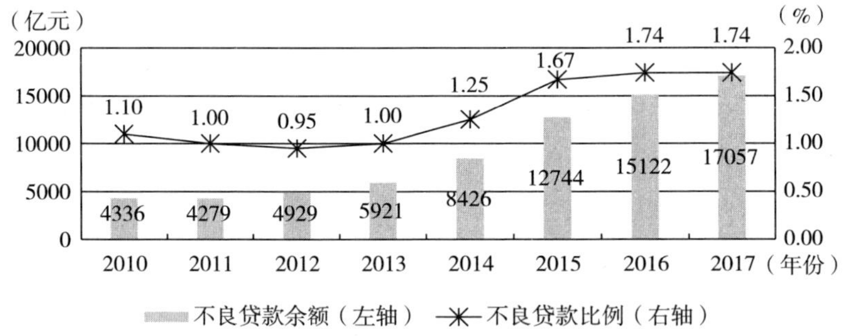

图3－26　2010～2017年商业银行不良贷款余额和不良贷款率

数据来源：Wind数据库。

银行业不良贷款余额的扩大和不良贷款率的提高，加之中小微企业的资产质量较低，抵押品价值低，企业信息尤其是财务信息、管理人信息不透明，使得银行业削减了中小微企业的信贷资源配置额度。商业银行对中小微企业表现出惜贷情绪。从图3－27中可以看出，2010年我国小微企业的贷款增长率高达29.30%，然后逐年下降，到2015年，贷款增长率已下降至13.90%。随着我国供给侧结构性改革等措施的实施，小微企业的贷款增长率逐步回升，2017年上升至16.4%，达到2012年的水平，但较2010年的增速仍有较大差距。

我国民营企业在国民经济中的地位与其获得的信贷资源配置规模不匹配，导致我国信贷资源存在错配，信贷资源配置处于低效配置状态。信贷资源的低效配置使得我国宏观经济中要素性资源发生错配，导致经济中的结构性问题频现，宏观经济增长乏力，经济中缺乏新的经济增长点。宏观经济的下行趋势使得银行业的经营绩效也开始下降。我国银行业逐步结束了银行利润高速增长的“黄金时

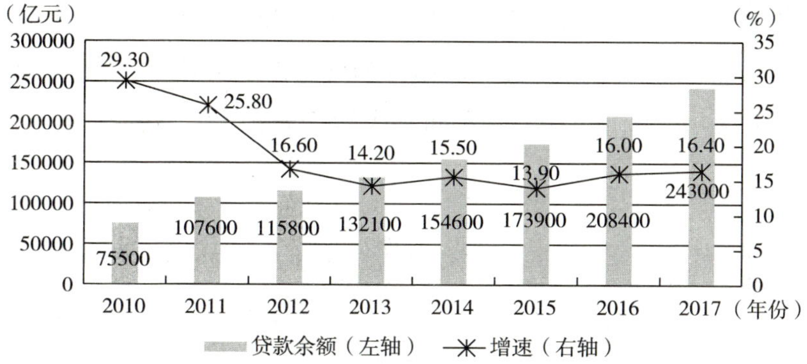

图 3-27 2010~2017 年商业银行投向小微企业的贷款余额与增速

数据来源：Wind 数据库。

代”。从图 3-28 银行业金融机构税后利润与增长率可以看出，2007~2016 年我国银行业金融机构的税后利润呈逐年增长的态势。但是从 2011 年开始，税后利润的增长率逐年下降。2011~2015 年，税后利润的增长率大幅下降，从 39.24% 下降至 2.39%，我国银行业进入了发展的寒冬期。

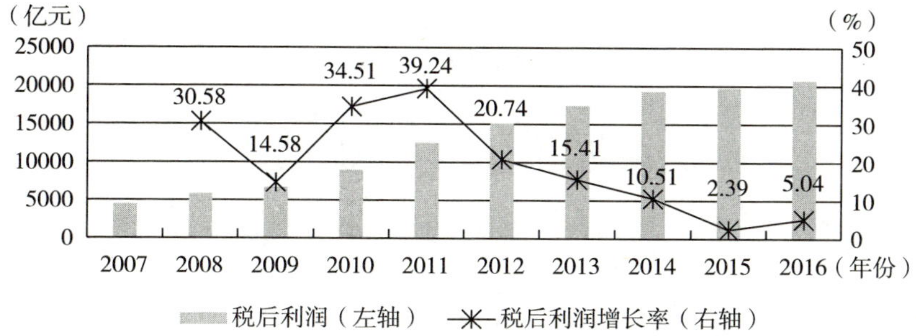

图 3-28 2007~2016 年银行业金融机构税后利润与增长率

数据来源：中国银行业监督管理委员会（原）年报。

从银行业金融机构的利润率来看（见图 3-29），资产利润率和资本利润率保持了基本一致的发展趋势。2007~2011 年，银行业金融机构的资产利润率和资本利润率呈波动上升的趋势。2007 年资产利润率为 0.90%，资本利润率为

16.7%，到 2011 年分别上升为 1.20% 和 19.2%。2011 年之后，我国宏观经济逐渐进入下行通道，加之“四万亿”刺激计划的负面影响开始显现，资产利润率和资本利润率逐年下降。其中资本利润率从 19.2% 下降至 2016 年的 12.6%。

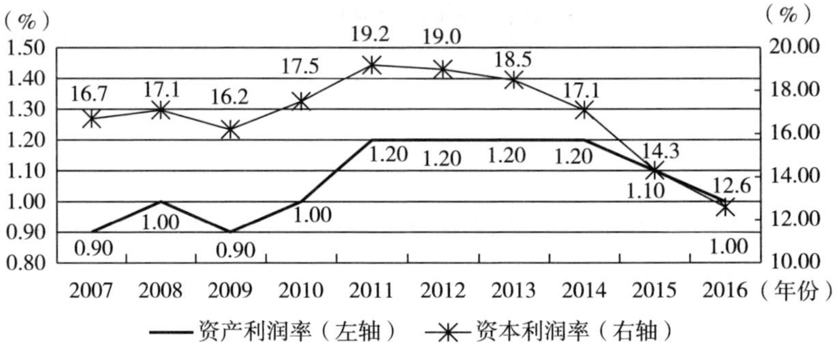

图 3-29　2007~2016 年银行业金融机构利润率

数据来源：中国银行业监督管理委员会（原）年报。

2011 年之后，银行业金融机构税后利润增长率和利润率的下降，表明了我国银行业的盈利能力减弱，经营绩效下降。

第四节　本章小结

综上所述，通过分析国有经济和民营经济的结构变化，可以得出以下结论：

第一，伴随着我国经济发展，国有经济和民营经济的各个指标基本都呈逐年上升趋势，但民营经济在国民经济中的比重持续上升，国有经济所占比重逐年下降。究其原因，主要在于虽然国有经济和民营经济都在增长，但民营经济的增长速度更快，其增速不仅高于国有经济，也高于整体宏观经济，对宏观经济起到了拉动作用。从本书分析的企业单位数、企业总资产、固定资产净值、流动资产、工业销售产值、工业增加值累计同比、总资产报酬率等指标来看，除个别指标的个别年份存在特殊情况之外，国有企业和民营企业的发展都符合这一发展趋势。正是由于民营经济的增长速度高于国有经济，民营经济在国民经济中的比重逐步提升。

第二，在国有经济的高速成长中，贡献最大的是中国内地的民营经济，而非港、澳、台商投资企业和外商投资企业等“三资”企业。

第三，民营企业和国有企业的信贷资源配置存在显著差距，民营企业获得的信贷资源与其逐渐上升的经济占比不相符，经济中最有增长潜力的民营经济不能得到有效的融资支持。以本书分析的信贷资源配置规模、期限结构和融资成本来看，民营企业的信贷配置规模显著低于国有企业，信贷期限结构也较短，但信贷融资成本却比国有企业高。我国信贷资源配置领域存在显著的失衡状态。

第四，信贷资源失衡给我国宏观经济、社会产出、银行经营等带来了显著的负面经济效应。我国宏观经济增速由高速增长转为中高速增长，社会产出产生巨大损失，银行不良贷款余额增加，不良贷款率提高，银行高利润率难以维持。

当前我国银行业的盈利基础仍然是扩大贷款数量，银行发展以规模扩张为主。随着民营企业在国民经济中的比重逐步提升，对经济增长的贡献逐步提高，民营企业与国有企业之间经济地位、经济贡献以及信贷资源配置不匹配、不合理的状态越发凸显。商业银行的信贷资源在国有企业和民营企业间的配置存在巨大的差异，信贷资源配置效率低下，对经济产生了负面影响。信贷资源无法按照市场经济规律进行有效配置，其结果是经济系统运行低效、银行有效运营受到严重影响。接下来本书将对信贷资源配置均衡理论进行分析，并将依据我国上市公司微观数据，从文献计量学的角度对我国国有企业和民营企业的信贷资源配置失衡问题进行实证分析。

第四章

信贷资源配置均衡理论模型

本书在以往文献的基础上构建了信贷资源配置均衡模型，首先对信贷资源在国有企业和民营企业间的差异配置进行理论分析，其次引入货币政策和制度环境变量因素进一步进行分析。模型的假设条件如下：①信贷市场是卖方市场。信贷资源总体上是有限的，市场上存在供不应求的现象。商业银行是信贷资源的供应商。由于信贷资源供不应求，卖方处于有利地位，商业银行可以对信贷资源进行限配，也可提高信贷价格，促使市场利率上涨。卖方市场的存在，意味着供求失衡打破了供需双方在信贷资源配置上的平等关系。这一假设符合我国信贷资源配置的现实情况。②信贷市场上存在两类资金需求者：国有企业和民营企业，且地位不对等。③信贷市场上的供求主体——商业银行、国有企业和民营企业的目标为追求收益最大化。④民营企业的生产效率高于国有企业。

第一节　信贷资源配置均衡分析

除上述假设外，本书设定如下：商业银行可以识别企业的产权性质，对不同所有制企业的信贷配置存在不同偏好，国有企业为 α，民营企业为 β。国有企业的资金需求量为 A，民营企业的资金需求量为 B。由于信贷资源有限，国有企业和民营企业不能得到需要的全部信贷资源，实际信贷配置量分别为 A^{α} 和 B^{β}。商业银行实际提供的信贷资源总量是国有企业和民营企业获得的信贷资源之和，即 $A^{\alpha}+B^{\beta}$。信贷资源的价格受借款人抵押品的影响。假设信贷资源的基准利率为 r_0，如果企业能够提供抵押品，信贷价格为 r_0+m，反之则为 r_0+n。借款人提供抵押品时获取信贷资源的价格较低，因此 $m<n$。国有企业的抵押率高于民营企业的抵押率，设国企和民企的抵押率分别为 σ 和 0，则 $0<\sigma<1$。当借款人获得信贷资源投资项目时，预期收益在成功时为 π，会按时偿还商业银行本息；在失败时没有收益，无法偿还商业银行贷款，此时商业银行仅能通过将抵押品变现收回部分贷款。企业项目失败的概率为 θ，$0<\theta<1$。

一、不考虑企业存在抵押

在不考虑企业抵押的条件下，信贷资源的价格为 r，商业银行的收益函数为:

$$R=(A^{\alpha}+B^{\beta})(1+r)(1-\theta)-(A^{\alpha}+B^{\beta})$$

也就是说，商业银行的收益等于项目成功时的存贷款利差。当收益非负时，即 $R\geqslant0$ 时，商业银行发放信贷资源。由于 $A^{\alpha}+B^{\beta}$ 非负值，因此，商业银行发放信贷资源的条件为 $\theta\leqslant\frac{r}{1+r}$。商业银行发放信贷资源的决策取决于信贷利率（r）和借款人项目失败的概率（θ），而与商业银行对国有企业和民营企业的信贷偏好 α 和 β 无关。

二、考虑企业存在抵押

当企业存在抵押时，信贷市场均衡要同时满足商业银行和借款人的利润最大化。

1. 企业

对于企业而言，假设企业的生产函数满足柯布—道格拉斯生产函数，且仅与信贷资源配置量（即资金量）相关，设国企和民企的生产技术为 k 和 g，则国有企业的生产函数为 $Q_A = kA^{\alpha}$，民营企业的生产函数为 $Q_B = gB^{\beta}$。假设企业的生产成本为0，产品价格为1，企业的利润函数是企业的生产函数，企业利润最大化的条件是单位资金带来的边际收益 MR 等于其边际成本 MC。

（1）对于国有企业而言，边际收益和边际成本为：$MR_A = \frac{\partial Q_A}{\partial A} = \alpha k A^{\alpha - 1}$，$MC_A = 1 + r_0 + m$。

国有企业均衡的条件为$MR_A = MC_A$，即 $A = \left(\frac{1 + r_0 + m}{\alpha k}\right)^{\frac{1}{\alpha - 1}}$

（2）对于民营企业而言，边际收益和边际成本为：$MR_B = \frac{\partial Q_B}{\partial B} = \beta g B^{\beta - 1}$，$MC_B = 1 + r_0 + n$。

民营企业均衡的条件为$MR_B = MC_B$，即 $B = \left(\frac{1 + r_0 + n}{\beta g}\right)^{\frac{1}{\beta - 1}}$

可以看出，不管是国有企业还是民营企业，其实际获取的信贷资源规模不仅与贷款利率（r_0）、自身的生产技术（k、g）有关，而且与商业银行对不同产权性质企业的信贷配置偏好（α、β）有关。

2. 商业银行

对于商业银行而言，借款人提供抵押品时，商业银行的收益函数为：

$$R = [A^{\alpha}(1 + r_0 + m) + B^{\beta}(1 + r_0 + n)](1 - \theta) - (A^{\alpha} + B^{\beta}) + \theta\sigma A^{\alpha}$$

即商业银行的收益等于项目成功时的存贷利差与项目失败时企业抵押品价值的和。当 R≥0 时，商业银行愿意发放信贷资源。求解收益函数大于等于零的条件，结果为：

$$\theta \leq \frac{(A^{\alpha} + B^{\beta}) r_0 + A^{\alpha} m + B^{\beta} n}{(1 + r_0)(A^{\alpha} + B^{\beta}) + A^{\alpha} m + B^{\beta} n - \sigma A^{\alpha}}$$

可以看出商业银行的信贷资源配置决策取决于借款人项目失败的概率（θ），企业的抵押率（σ），而且与商业银行对不同产权性质企业的信贷配置偏好（α、β）有关。

第二节　引入货币政策和制度环境的信贷资源配置均衡分析

货币政策的影响主要体现在：企业生产产品的名义价格会随着货币政策的变动而发生变化，将企业产品名义价格设为函数 P（μ），其中 μ 表示货币政策变量。货币政策宽松，企业产品的名义价格上升；货币政策收紧，企业产品的名义价格下跌。货币政策环境的变化会影响借款人抵押品的流动性。通常情况下，货币政策宽松表明市场上资金较为充裕，抵押品变现能力强，反之则变现能力弱。设抵押品变现能力的函数为 G（μ）。

一、引入货币政策

当引入货币政策后，在存在抵押品的情况下，对于企业而言，国有企业和民营企业的生产函数仍为 $Q_A = kA^{\alpha}$ 和 $Q_B = gB^{\beta}$。此时，企业产品的生产成本仍假设为 0，但产品价格不再为 1，而是根据货币政策变动的函数 P（μ）。国有企业和民营企业的收益函数为 $R_A = P(\mu)kA^{\alpha}$ 和 $R_B = P(\mu)gB^{\beta}$。最大化企业利润的条件仍是单位资金带来的边际收益等于其边际成本。

1. 国有企业

对于国有企业而言，边际收益和边际成本为：

$$MR_A = \frac{\partial R_A}{\partial A} = \alpha P(\mu) k A^{\alpha-1} \quad MC_A = 1 + r_0 + m$$

国有企业均衡的条件为 $MR_A = MC_A$，即 $A = \left(\frac{1 + r_0 + m}{\alpha P(\mu) k}\right)^{\frac{1}{\alpha-1}}$

2. 民营企业

对于民营企业而言，边际收益和边际成本为：

$$MR_B = \frac{\partial R_B}{\partial B} = \beta P(\mu) g B^{\beta-1} \quad MC_B = 1 + r_0 + n,$$

民营企业均衡的条件为$MR_B = MC_B$，即 $B = \left(\frac{1 + r_0 + n}{\beta P(\mu) g}\right)^{\frac{1}{\beta-1}}$

可以看出，不管是国有企业还是民营企业，其实际获取的信贷资源规模不仅与贷款利率（r_0）、自身的生产技术（k、g）有关，此外，它还与商业银行对不同产权企业的信贷配置偏好（α、β）、货币政策变量（μ）有关。

本文进一步分析了货币政策的变化会使国有企业和民营企业的实际信贷资源获取规模发生怎样的变化，用国有企业和民营企业的实际资金获取规模方程对货币政策求导，结果为：

$$\frac{\partial A}{\partial \mu} = \frac{\partial A}{\partial P(\mu)} \times \frac{\partial P(\mu)}{\partial \mu} = \left(\frac{1 + r_0 + m}{\alpha k}\right)^{\frac{1}{\alpha-1}} \times \frac{-1}{\alpha - 1} \times P^{\frac{\alpha}{\alpha-1}} \times \frac{\partial P(\mu)}{\partial \mu}$$

$$\frac{\partial B}{\partial \mu} = \frac{\partial B}{\partial P(\mu)} \times \frac{\partial P(\mu)}{\partial \mu} = \left(\frac{1 + r_0 + n}{\beta g}\right)^{\frac{1}{\beta-1}} \times \frac{-1}{\beta - 1} \times P^{\frac{\beta}{\beta-1}} \times \frac{\partial P(\mu)}{\partial \mu}$$

对于国有企业和民营企业而言，货币政策变动引起的产品名义价格变化是相同的，即$\frac{\partial P(\mu)}{\partial \mu}$是相同的，因此比较$\frac{\partial A}{\partial \mu}$和$\frac{\partial B}{\partial \mu}$的大小，只需比较$\left(\frac{1 + r_0 + m}{\alpha k}\right)^{\frac{1}{\alpha-1}} \times \frac{-1}{\alpha - 1} \times P^{\frac{\alpha}{\alpha-1}}$和$\left(\frac{1 + r_0 + n}{\beta g}\right)^{\frac{1}{\beta-1}} \times \frac{-1}{\beta - 1} \times P^{\frac{\beta}{\beta-1}}$两部分即可。商业银行对国有企业的偏好强于民营企业，即$1 > \alpha > \beta$，因此，$\frac{\partial A}{\partial \mu} > \frac{\partial B}{\partial \mu}$，货币政策变动会引起借款人实际信贷资源规模的变动，且国有企业的变动规模大于民营企业，货币政策的变化会加剧国有企业和民营企业信贷资源配置的差异。

二、引入货币政策和制度环境

引入货币政策和制度环境后，商业银行的收益函数为：

$$R=[A^{\alpha}(1+r_0+m)+B^{\beta}(1+r_0+n)](1-\theta)-(A^{\alpha}+B^{\beta})+\theta\sigma G(\mu)A^{\alpha}$$

即商业银行的收益等于企业项目成功时的存贷利差和项目失败时抵押品变现后的价值。与未引入货币政策和制度环境时相比，商业银行的收益函数增加了企业抵押品变现能力随着货币政策和制度环境的改变而变化的因素。当商业银行的收益函数非负值时，商业银行愿意向企业发放信贷资源，求 $R\geqslant 0$ 解，得到商业银行愿意发放信贷资源的条件为：

$$\theta\geqslant\frac{[A^{\alpha}(1+r_0+m)+B^{\beta}(1+r_0+n)]-(A^{\alpha}+B^{\beta})}{[A^{\alpha}(1+r_0+m)+B^{\beta}(1+r_0+n)]-\sigma G(\mu)A^{\alpha}}$$

前一公式中 $[A^{\alpha}(1+r_0+m)+B^{\beta}(1+r_0+n)](1-\theta)-(A^{\alpha}+B^{\beta})$ 反映了商业银行发放信贷资源的存贷利差。考虑制度环境时，制度环境包含信用环境、法律环境、金融发展水平、政府干预水平等因素，制度环境对信贷市场产生的影响主要体现为：制度环境因素影响信贷资源的市场化配置程度。一般而言，市场化水平越高，商业银行间的竞争越充分，商业银行的操作越规范，信贷价格趋向于完全竞争价格，商业银行的纯粹存贷利差会减小；市场化水平越低，商业银行竞争越不充分，商业银行能够获得较高的存贷利差，倾向于扩大贷款规模，进而加大不同所有制企业间的信贷配置差异。因此，有助于提升市场化程度的制度因素可以显著缩小不同所有制企业的信贷配置差异，而对市场化水平产生负面影响的制度因素则会加大不同所有制企业的信贷配置差异。

根据信贷资源配置均衡模型分析，提出以下三个假设：

【假设 1】国有企业和民营企业间获取的信贷资源配置存在显著差异。

【假设 2】货币政策的变动会导致国有企业和民营企业间信贷配置差异的变动，宽松的货币政策会加大二者之间的差异。

【假设 3】制度环境的变动通过影响信贷资源市场化配置程度对国有企业和民营企业间的信贷配置差异产生影响，有利于信贷资源市场化配置提升的制度环境可以缩小国有企业和民营企业的信贷资源配置差异，而对信贷资源市场化配置方式存在负面影响的制度环境会加剧国有企业和民营的信贷资源配置差异。下文将通过实证分析对上述假设进行检验。

第五章 我国信贷资源配置所有制差异的实证分析

虽然学者们普遍认同信贷资源在国有企业和民营企业间的配置不合理，但对这种不合理配置是否属于“所有制歧视”仍未形成一致的意见。国外学者 Allen 等（2005）认为中国的民营经济逐渐成长为经济增长的主力军，大部分贷款却流向效率更低、贡献更小的国有企业。孙铮等（2005）、江伟和李斌（2006）、刘小玄和周晓艳（2011）、孙会霞等（2013）认为我国经济中国有企业和民营企业间的信贷资源配置差异属于“所有制歧视”，非国有企业往往具有较好的绩效，但却以较高的融资成本得到了较少的融资来源。学者们认为，中国金融体系显著的抑制特征、四大国有银行的垄断地位、国有银行出于政治目的提供债务融资等因素导致银行出现严重的信贷歧视。而方军雄（2007）、白俊和连立帅（2012）、苟琴和黄益平（2014）等学者则认为，产权性质并不是造成我国信贷配给、国有企业和民营企业信贷资源配置差异的主要原因，国有企业和民营企业之间的规模差异、盈利能力差异、外部制度环境等是差异存在的主要原因。

本章实证检验我国国有企业和民营企业间的信贷资源配置所有制差异问题，为相关研究提供新的证据。当前，国际经济环境变化，全球经济复苏过程中风险集聚，保护主义、单边主义抬头使我国民营出口企业及相关产业链受到影响。我国经济由高速增长阶段转向高质量发展阶段也要求经济结构快速调整、企业产品的供给质量和水平提高、民营企业加快转型升级。研究我国国有企业与民营企业信贷资源配置所有制差异问题，有助于解决我国民营企业特别是中小企业融资难、融资贵的问题，有助于解决银行不敢贷、不愿贷的问题，有助于我国非公有制经济健康发展，促进经济结构转型，实现经济高质量发展。因此，本章实证研究的主要问题是：我国民营企业和国有企业间是否存在信贷资源配置差异？如果存在，程度有多严重？除了产权因素以外，还有哪些因素会造成国有企业和民营企业信贷资源配置的显著差异？

本章剩下部分的结构安排如下：首先对实证分析所用的数据、模型、变量和方法进行介绍，其次是进行变量的描述性和相关性分析，再次是实证结果分析和稳健性检验，最后得出本章的研究结论。

第一节　数据选择与处理

一、数据选择

1. 数据来源

结合参考文献的数据使用情况、数据自身涵盖企业类型、数据长度、数据特点以及研究的问题，本书选取 2007 ~ 2017 年中国 A 股上市公司数据进行实证研究，数据来源于 Wind 数据库。

2. 数据选取的依据

（1）数据时效性。在实证文献中，学者们使用较多的数据为国家统计局规模以上工业企业数据、中国工业企业数据库数据、上市公司数据、世界银行提供的中国企业投融资环境调查数据等。表 5 – 1 列出了部分学者研究信贷资源配置时使用的数据库，具有一定的代表性。但中国工业企业数据库和世界银行提供的中国企业投融资环境调查数据相对而言缺乏时效性，对当前我国经济处于多期调整阶段缺乏解释力。截至本书撰写之日，中国工业企业数据库更新至2013年，世界银行对中国的调查数据更新至2012年，① 一定程度上缺乏对当前我国经济进入三期叠加阶段的解释力度。

表5-1 所有制歧视研究常用数据库

序号	篇名	作者	期刊	数据
1	所有制歧视还是规模歧视？	靳来群	《现代经济探讨》，2017年12月	中国工业企业数据库
2	所有制歧视所致金融资源错配程度分析	靳来群	《经济学动态》，2015年6月	中国工业企业数据库
3	银行信贷配置真的存在所有制歧视吗？	苟琴，等	《管理世界》，2014年1月	世界银行的中国企业投融资环境调查数据
4	信贷资金配置差异：所有制歧视抑或禀赋差异？	白俊、连立帅	《管理世界》，2012年6月	上市公司数据
5	民营上市公司，真的面临银行贷款歧视吗？	方军雄	《管理世界》，2010年11月	上市公司数据
6	金融所有制歧视、所有制结构与创新产出	戴静、张健华	《金融研究》，2013年5月	各省市大中型工业企业面板数据
7	政府干预、法治、金融发展与国有企业银行贷款	余明桂，等	《金融研究》，2008年9月	上市公司数据
8	所有制、市场化进程与资本配置效率	方军雄	《管理世界》，2007年11月	国有工业企业和“三资”工业企业数据
9	制度环境、国有产权与银行差别贷款	江伟、李斌	《金融研究》，2006年11月	上市公司数据
10	金融资源与实体经济之间配置关系的检验——兼论经济结构失衡的原因	刘小玄、周晓艳	《金融研究》，2011年2月	中国制造业规模以上工业企业数据

资料来源：作者整理。

① 世界银行提供的中国企业投融资环境调查数据，http：//www.enterprisesurveys.org。

（2）数据涵盖的企业类型。规模以上工业企业数据忽略了我国中小型企业的信贷资源配置情况。上市公司数据通常来自当地优质的企业，民营上市公司面临的融资约束较小。而我国 A 股市场不仅涵盖大型上市公司，也涵盖中小板和创业板中流通股本规模相对较小的公司，且 A 股市场数据已经更新至 2017 年，与当前的经济发展形势能够匹配。

（3）2006 年中国的会计准则进行过比较大的调整，2005～2006 年又是上市公司股权分置改革实施的高峰期。因此，本书以上市公司数据为样本，并将2007年的数据作为样本起始年，兼顾了数据可比性以及样本长度。

二、数据处理

1. 企业产权性质的确定

依据企业的最终实际控制人信息[①]对上市公司的所有权性质进行分组。实际控制人为各级国有资产管理机构、各级财政部门、各级政府部门或者国有企业的，界定为国有企业，取值为 1；否则为民营企业，取值为 0。随着我国经济的发展和上市公司产权结构的调整，部分上市公司的股权被交叉持股、股权结构错综复杂或被基金等短期持有，部分无法确定终极控制人的上市公司，本书予以剔除。考虑到中外合资经营企业、中外合作经营企业、外资企业、港澳台商合资经营企业、合作经营企业、独资经营公司、投资股份有限公司的融资过程与内资企业明显不同，本书予以剔除。

2. 异常值的处理

为了减少异常值对参数估计的影响，对以下数据进行剔除：上市未满三年的公司，资产负债情况特殊的金融类公司，ST、PT 公司，主要财务数据缺失的公

① 我国上市公司 2001 年年度报告中开始披露最终实际控制人信息，Wind 数据库从 2002 年开始收录。

司，资产负债率超过100%或者低于0的公司[①]。

3. 极端值的处理

为了减少极端值对参数估计的影响，对属于连续性的解释变量在其分布的第1及第99百分位上的观察值进行缩尾处理。

4. 样本观测值的行业处理

首先根据《上市公司行业分类指引（2012年修订）》（以下简称《指引》）中的分类原则和方法对样本企业进行行业分类。[②] 其次，对上市公司的行业进行剔除和整合。由于金融业企业的资产负债情况与其他企业有较大差异，故将金融业企业进行剔除。制造业样本企业为1627个，占样本上市企业的60.32%。制造业类企业数量多，参照王宇伟等（2018）、余明桂和潘红波（2008）等处理制造业上市公司行业的做法，根据企业生产过程或产品的相关或相似程度，以及参考《中国统计年鉴（2018）》中的“投入产出表”对采矿业制造业进行合并与归类。服务业中，由于属于H－住宿和餐饮，L－租赁和商务服务业，M－科学研究和技术服务业，N－水利、环境和公共设施管理业，P－教育，Q－卫生和社会工作，R－文化、体育和娱乐业，S－综合等行业的上市企业较少，故将这类企业统一归入“其他服务业”。合并整理后，上市公司的行业共分为12个。数据处理后的样本企业分布见表5－2。经过处理后的样本上市公司为2622个，观测值22812个。

① 资产负债率超过100%表明公司已经处于“技术破产”的状态，低于0则表明公司未受到融资约束的限制。技术破产是指企业因借债过多或债务集中到期而不能清偿到期债务，此时企业的财务制度还比较健全，只是因财务人员在筹资时存在技术上的失误，造成了暂时的不能偿付。

② 《指引》中将上市公司分为A－S共19个门类90个大类，其中C制造业分为C13～C43共31个门类。

表 5－2 样本企业和观测值的行业分布表

单位：个

行业		企业数量	观测值数量
第一产业	农、林、牧、渔业	38	348
第二产业	采矿及矿物加工制造业	269	2437
	日用消费品制造业	225	1939
	化工医药制造业	390	3374
	各类机械设备仪器制造业	809	6550
	电力、热力、燃气及水的生产和供应业	97	969
	建筑业	71	636
第三产业	批发和零售业	142	1398
	交通运输、仓储和邮政业	86	841
	信息传输、软件和信息技术服务业	191	1493
	房地产业	120	1265
	其他服务业	180	1562

资料来源：作者统计所得。

第二节 模型设定和变量选取

一、模型设定

尽管民营企业在国民经济中所占的比重大幅提升，成为推动中国经济增长的主力军，但民营经济获得的金融支持却与其经济贡献严重不匹配（Allen et al.，2005；于丹，2018）。本书着眼于此，实证检验民营企业和国有企业的信贷配置差异问题，并将之细化为两个问题：一是信贷资源在国有企业和民营企业间的配置差异在计量上是否显著；二是如果差异显著，程度如何？

参照 Firth 等（2009）、Drakos 和 Giannakopoulos（2011）、白俊和连立帅（2012）、苟琴和黄益平（2014）等对信贷资源配置模型的设定，实证检验模型设定如下。

$$Credit_{it} = \alpha_0 + \gamma Property_{it} + \alpha_1 X1_{it} + \alpha_2 X2_{it} + \alpha_3 X3_{it} + \beta_1 GDP_{it} + \beta_2 Area_{it} + \mu_i + \varepsilon_{it}$$

其中，i=1，2，3…N，代表不同企业；t=1，2，3…T，代表年份。α_0是常数项，μ_i代表不同企业的异质性，ε_{it}是随不同企业个体和年份而改变的随机扰动项。其余变量说明见下文。

二、变量选取

1. 被解释变量：信贷资源配置变量（$Credit_{it}$）

$Credit_{it}$是信贷资源配置变量，代表企业的信贷资源配置情况。参照余明桂和潘红波（2008）、白俊和连立帅（2012）、苟琴和黄益平（2014）等，选取三类信贷资源配置指标。

第一类是规模变量，反映国有企业和民营企业的信贷资源配置规模差异。本书选取两个指标表示：①总借款规模，体现国有企业和民营企业在信贷资源配置规模的整体差异，涵盖企业的长期借款和短期借款，总借款规模 = 长期借款 + 短期借款；②长期负债比率，计算公式为长期借款/总资产，体现国有企业和民营企业单位资产获取长期借款的能力，使得不同规模企业的信贷资源配置规模具有可比性，也反映企业负债的资本化程度。长期负债比率越大，表明企业单位资产获取的长期借款多，企业负债的资本化程度越高，长期偿债压力大；反之则表明企业单位资产获取的长期借款少，企业负债的资本化程度低，长期偿债压力小。

第二类是信贷期限结构变量，反映国有企业和民营企业的信贷期限结构差异。在文献中，一般采用长期借款占总借款的比重衡量信贷期限结构（孙铮等，

2005；钱先航、曹春方，2013），即信贷期限结构 = 长期借款/总借款。信贷期限结构值越大，表明企业的长期借款比重越高，反之则越低[①]。

第三类是融资成本变量，反映国有企业和民营企业获取信贷资源的利息率或实际成本差异。刘小玄和周晓艳（2011）、邢志平和靳来群（2016）使用实际利息率表示信贷融资成本，实际利息率 = 财务费用/总负债。按照 2007 年施行的《企业会计准则》，企业的财务费用 = 利息支出 - 利息收入 + 汇兑损失 - 汇兑收益 + 其他手续费。Wind 数据库中财务费用 = 利息支出 - 利息收入 - 利息资本化金额 + 汇兑收益 + 手续费 + 其他。本书认为，利息支出是反映企业从银行获取信贷资源的真实成本，财务费用并不准确。因此，使用利息支出/总负债表示企业的融资成本。

在我国，政府干预一定程度上破坏了银行与国有企业间的自由信贷契约，地方政府有很强的动机去干预银行的信贷决策，为国有企业提供贷款支持，国有企业可以从银行获得更多的银行贷款和更长的贷款期限。相较而言，短期贷款的期限较短，如果企业想要在短期贷款到期时续贷，银行会重新对企业的经营状况和投资项目进行评估。短期贷款有利于银行及时地获得贷款企业的相关信息，从而有助于银行将企业置于紧密的监督和控制之下（Diamond，1991；Rajan，1992）。Diamond（1991）认为，银行愿意用短期贷款作为控制借款人机会主义行为的一种方式。短期贷款到期时，续借贷款重新谈判的成本相对较高。在其他条件相同的情况下，国有企业在政府的支持下，有更强的动机获得长期贷款（余明桂和潘红波，2008）。融资成本方面，银行往往根据借款人的市场地位来决定提供给企业的贷款价格，具有一定范围内的融资价格浮动决定权。伴随着我国利率市场化改革的推进，虽然中央银行仍然发布贷款基准利率，但商业银行有了更大自主权，可以按照市场机制进行贷款定价。国有企业和民营企业获取信贷资源面临的利息率或实际成本的差异，除与企业的风险和收益相关外，也反映了银行对二者的贷款定价偏好。

① 银行贷款可以分为短期贷款和中长期贷款。短期贷款是指贷款期限在一年以下的贷款，中长期贷款是指期限在一年以上的贷款。

表 5-3 被解释变量

被解释变量	指标	指标解释
信贷规模	借款规模	短期借款+长期借款
	长期负债比率	长期借款/资产
信贷期限结构	长期借款/总借款	长期借款/（短期借款+长期借款）
信贷融资成本	实际利息率	利息支出/企业总负债

资料来源：作者设定。

2. 核心解释变量：企业的产权性质（Property）

Property 是企业产权性质变量，国有企业取 1，民营企业取 0。企业的产权性质根据 Wind 数据库中披露的企业终极控制人信息确定。终极控制人为各级国有资产管理机构、各级财政部门、各级政府部门或者国有企业的，定义为国有企业；否则为民营企业。

3. 控制变量：企业微观变量和地区宏观变量

（1）企业微观层面变量。企业微观层面变量包括企业规模、企业资产构成、经营状况、盈利状况、行业等指标，可以划分为企业资产规模和构成（X1）、企业财务报表反映的财务比率指标（X2）、企业其他特征变量（X3）三个方面。

企业规模和资产构成（X1）：企业规模（size）是商业银行发放信贷资源时考察企业风险的基础。企业规模既是企业历史业绩的体现，未来竞争的基础，又是降低企业信用风险和违约风险的保障。不同规模的企业获取的信贷资源规模、期限结构和融资成本存在显著的差异。大规模企业获取银行信贷资源配置的优势体现在三个方面：一是大规模企业的信誉和信息披露透明度较高，可以降低银行的信息不对称程度，降低逆向选择和道德风险的概率；二是大规模企业资本雄厚，资产充足，可供抵押的资产价值高，变现能力强，使得银行提供给大规模企业信贷资源的信用风险小；三是大规模企业的资金流稳定，大大增强了企业的偿债能力，企业破产风险低。大规模企业违约借款合同从而使得企业破产清算的概率相较小规模企业要低得多。民营企业，尤其是民营企业中的中小企业，缺乏市场信用记录，信息不透明，可供抵押资产少，价值低，违约借款合同后破产概率高，使得银行常常认为其信贷违约概率高，从而遭受银行的信贷歧视。

清算价值比率（Liquidation），企业资产构成指标，指企业固定资产在总资产中的比重，反映企业的担保能力。清算价值比率越高，企业的固定资产比重越高，有形资产越充足，企业的债务担保能力越强。企业破产时，固定资产（抵押资产）越多，清算价值越高。在其他条件相同的情况下，银行更倾向于贷款给固定资产较多的企业（Williamson，1998；Harris and Raviv，1990）。由于长期贷款比短期贷款更加依赖抵押资产，所以长期贷款与固定资产显著正相关（Guedes and Opler，1996）。

企业财务报表反映的财务比率指标（X2）：包括流动比率、负债比率、总资产回报率、资产周转量、企业成长性等。

流动比率（Current），计算公式为流动资产除以流动负债，表示流动资产占流动负债的比率，代表企业流动资产变现偿还负债的能力。企业流动比率越高，变现能力越强，短期偿债能力越强；反之则越弱。负债比率（Debt），计算公式为总负债除以总资产，企业负债水平越高，代表其财务风险越高；企业负债越低，代表企业还款风险较低。因此负债水平高，企业获得借款的难度较高；企业负债较低，银行提供长期借款的意愿升高。但另一方面，企业负债水平高也意味着企业的举债能力强。因此，负债比率对信贷资源配置的影响不能确定。总资产报酬率（Profit），企业净利润与总资产之比，表示企业的盈利能力。一方面，企业盈利能力越强，表明企业能够获得稳定的资金流，具有较强的偿债能力。另一方面，根据融资顺序理论（Pecking Financial Order Theory）[①]，企业的融资决策是根据成本最小化原则做出的，主要考虑企业的财务成本、企业控制权的分散等因素。企业首先选择的是内源融资如经营利润，因为内源融资成本最小且不会分散企业的控制权；其次选择债务融资；而股权融资由于企业既要承担财务成本，又存在控制权被分散的风险被排在最后。企业盈利能力强，根据成本最小化原则，

① Mayers 于 1984 年提出。

企业可能更愿意选择内源融资而不是外源融资，因此盈利能力强的企业负债率反而较低。资产周转率（Turnover），等于企业的营业收入除以总资产，代表企业的经营效率，体现企业经营期间全部资产从投入到产出的流转速度，反映企业全部资产的管理质量和利用效率。企业的资产周转率越高，资产的利用率越高，越能提高企业获得贷款的能力，满足企业的融资需求。

企业成长性，表明企业所面临的投资机会和未来的成长性，使用托宾 Q（Tobin's Q）和企业销售收入增长率（Growth）来表示。托宾 Q 是文献中衡量投资机会经常采用的指标（Hadlook，1998；Moyen，2004；Hennessy，2004），计算方法：托宾 Q =（流通股价 × 全部股份数 + 总负债）/总资产，表示上市公司权益与债务面值之和与总资产账面价值的比。流通股价用上市公司年末收盘价表示。考虑到中国股市股权分置①的问题，权益市值可以修正为流通股价值和非流通股价值之和，即权益市值 = 流通股年末收盘价 × 流通股股份数 + 每股净资产 × 非流通股股份数。企业销售收入增长率 =（当年企业主营业务收入 - 上一年企业的主营业务收入）/上一年企业的主营业务收入，表示主营业务的增长率。方军雄（2009）认为，高成长性企业更可能得到信贷资源。但是，根据权衡理论，成长速度较快的公司，负债的代理成本也相对较高（Titinan and Wessels，1988）。此外，由于高成长性的公司多属于新兴行业，经营上具有较大的风险，所以难以获得足够的银行贷款，特别是长期贷款。因此，高成长性对企业信贷资源配置的影响不能确定。

企业其他变量（X3）：包括企业的年龄（Age）、行业（Industry）等。郭鹏飞、孙培源（2003）认为，行业是影响企业资本结构的重要因素，不同行业上市公司的资本结构具有显著差异，同一行业上市公司的资本结构具有稳定性。

（2）地区宏观层面变量。地区宏观层面变量主要考虑信贷资源配置在地

---

① 股权分置，是指 A 股市场上的上市公司股价按照能否在证券交易所上市，被区分为流通股和非流通股。流通股主要成分为社会公众股，非流通股则大多为国家股和法人股。这是我国经济体制转轨过程中形成的特殊问题。股权分置不能适应资本市场改革开放和稳定发展的要求。

区间的差异性，对反映地区经济金融环境的因素进行控制。本书选取了上市公司所在省份的地区生产总值（GDP）增速，以控制需求层面的影响；选取上市公司所在地区（Area）控制东部、中部、西部、东北地区之间的金融市场发展程度、法制化水平、信用信息等存在显著差异的因素[①]。上述核心解释变量与控制变量如表5－4所示。

表5－4　核心解释变量与控制变量

变量			代码	说明
核心解释变量		企业性质	Property	国有企业取1，民营企业取0
企业微观层面	X1	公司规模	Size	年末资产（取自然对数）
		清算价值比率	Liquidation（AS）	固定资产/资产
	X2	流动比率	Current	流动资产/流动负债
		负债比率	Debt	总负债/总资产，反映负债水平
		总资产报酬率	Profit	净利润/总资产，反映盈利能力
		资产周转率	Turnover	企业营业收入/总资产，反映经营效率
		成长性	TobinQ	企业市值/企业重置成本
			Growth	（当年主营业务收入－上一年主营业务收入）/上一年主营业务收入
	X3	企业年龄	Age	企业注册成立至2017年的年数
		行业	IND	12个行业，11个虚拟变量
地区宏观层面		经济增速	GDP	各省份年度经济增长率
		地区变量	Area	东部、中部、西部、东北地区

资料来源：作者整理。

① 地区的划分参照《中国区域金融运行报告（2017）》，东部地区10个省（直辖市），包括北京、天津、河北、上海、江苏、浙江、福建、山东、广东和海南。中部地区6个省，包括山西、安徽、江西、河南、湖北和湖南。西部地区12个省（自治区、直辖市），包括内蒙古、广西、重庆、四川、贵州、云南、西藏、陕西、甘肃、青海、宁夏和新疆。东北地区3个省，包括辽宁、吉林和黑龙江。

第三节 实证方法

一、实证方法的选择：豪斯曼－泰勒估计量

本章实证检验企业产权性质对信贷资源配置的影响，即以企业产权性质为核心解释变量，以信贷资源配置为被解释变量，实证分析国有企业和民营企业的信贷资源配置有无显著差异。

本书的实证检验数据为2007～2017年A股上市公司的面板数据，T＝11；样本企业n＝2622，观测值为N＝22812，为非平衡短面板。面板数据的特点是在一段时间内跟踪同一组个体的数据，既包含横截面的维度（n个个体），又包含时间维度（T个时期），可以提供个体的动态信息，也可以提高估计的精确度。面板数据可以解决单独的截面数据或时间序列数据不能解决的问题，也可以较好地解决由于不可观测的个体差异或异质性导致的遗漏偏差问题。面板数据的模型形式为：

$$y_{it}=X_{it}\beta+Z_i\sigma+\mu_i+\varepsilon_{it}\quad(i=1,\ \cdots,\ n;\ t=1,\ \cdots,\ T)$$

其中，Z_i 为不随时间变化的个体特征，比如性别、距离等；而 X_{it} 可以随个体及时间而变。扰动项由（$\mu_i+\varepsilon_{it}$）两部分构成，称为复合扰动项，μ_i 代表不可观测的个体异质性，ε_{it} 代表随机扰动项，与 μ_i 不相关。

如果面板数据不存在个体效应，可以像对待横截面数据那样直接简单地进行最小二乘估计，称为混合回归（Pooled Regression）。实证过程中，面板数据的个体效应通常是存在的，如果 μ_i 与某个解释变量有关，称为固定效应模型（Fixed Effects Model）；如果 μ_i 与所有的解释变量（X_{it}，Z_i）均不相关，则称为随机效应模型（Rondom Effects Model）。固定效应模型在回归过程中消去代表个体效应的 μ_i，但同时也消去了不随时间变化的个体特征变量 Z_i。因此，固定效应的主

要缺点是无法估计不随时间而变的变量系数，比如性别、距离、教育等。本书的核心解释变量为企业产权性质。对考察期内的样本企业进行统计发现，虽然有个别企业的产权性质发生了变化，但绝大多数企业的产权性质并未发生改变，因此企业产权性质可以视为一个不随时间变化的特征变量，因此不适用固定效应模型。

在本书设定的实证模型中，企业产权性质、企业行业、宏观经济增速，并不受企业信贷资源配置的影响，因此可以视为外生变量。而企业微观层面控制变量，公司规模、清算价值比率、流动比率、资产负债率、总资产报酬率、资产周转率、企业盈利性、企业年龄则存在内生性，为内生变量。一方面，模型存在遗漏变量问题。除上述因素影响企业的信贷资源配置外，企业的组织架构、企业管理层的管理能力与水平、企业是否属于集团公司、企业是否为银行的新增客户、企业的行业地位、企业征信记录等均会对企业信贷资源配置产生影响。另一方面，政府对企业实施的相关政策如补贴、定向准备金率等，对企业的财务比率、信贷资源配置等都存在显著影响，而且企业资产规模、财务比率与信贷资源配置存在双向因果的关系。综上所述，模型中的部分解释变量与个体效应不相关，部分解释变量与个体效应相关，在这种情况下，使用工具变量法能够得到一致的估计量，也可以得到不随时间变化的特征变量的系数，即豪斯曼－泰勒估计量。

假定面板模型为：

$$y_{it} = X_{1,it}\beta_1 + X_{2,it}\beta_2 + Z_{1,i}\sigma_1 + Z_{2,i}\sigma_2 + \mu_i + \varepsilon_{it}$$

其中，X 随时间变化，Z 不随时间变化。X_1 和 Z_1 是外生变量，X_2 和 Z_2 是内生变量。所有解释变量均与 ε_{it} 不相关。外生变量 X_1 和 Z_1 可以作为自身的工具变量。$X_{2,it}$ 可以使用作为工具变量。因为，$X_{2,it}$ 与相关，且与随机误差项不相关。Z_2 可以使用作为工具变量，这里将随时间变化的外生变量的平均值作为不随时间变化的内生变量的工具变量。因为一方面 Z_2 与相关，另一方面与随机误差项不相关。使用以上工具变量进行二阶段最小二乘法（2SLS）运算，就能得到“豪斯曼－泰勒”估计量（Hausman－Taylor Estimator）。

二、实证分析的层次

本书采用层次分析方法进行实证，建立两个层次进行回归。层次 1 在模型中加入企业规模和资产构成（X1）、企业财务报表反映的财务比率指标（X2）、企业年龄和行业（X3）三个指标，考察在控制企业微观层面因素后，企业产权性质对信贷资源配置的影响；层次 2 是在层次 1 的基础上，加入地区宏观层面因素，考察控制地区经济增长速度和企业所在地区变量后，企业产权性质对企业信贷资源配置的影响。

第四节　变量的描述性统计和相关性分析

一、变量的描述性统计

1. 被解释变量描述性统计

表 5 –5 是信贷资源配置变量的描述性统计。可以看出，民营企业和国有企业的信贷资源配置存在显著差异。

表 5 –5　信贷资源配置变量描述性统计

变量	企业产权	观测值	均值	标准差	最小值	p25	p50	p75	最大值	均值差异	均值差异 t 检验
总借款规模（万元）	0	12613	80003	189568	0	1000	19700	67728	1328116	236182	37. 599 ***
	1	10173	316186	673159	0	13000	64500	252878	3885631		
	Total	22786	185449	485774	0	4349	32810	123403	3885631		

续表

变量	企业产权	观测值	均值	标准差	最小值	p25	p50	p75	最大值	均值差异	均值差异t检验
总借款规模的对数	0	10004	10.232	1.830	-0.313	9.214	10.411	11.409	14.099	1.040	38.055***
	1	9151	11.273	1.954	-0.098	10.106	11.325	12.607	15.173		
	Total	19155	10.729	1.961	-0.313	9.593	10.802	11.978	15.173		
长期负债比率（%）	0	12613	3.004	5.747	0	0	0	3.508	28.900	3.974	38.203***
	1	10199	6.977	9.778	0	0	2.385	10.824	44.300		
	Total	22812	4.780	8.057	0	0	0.404	6.339	44.300		
债务期限结构（%）	0	9991	21.701	30.179	0	0	5.012	34.790	100.000	12.400	26.830***
	1	9151	34.080	33.651	0	0.034	24.568	60.709	100.000		
	Total	19142	27.619	32.479	0	0.000	13.450	48.905	100.000		
融资成本（%）	0	12613	3.352	4.747	0	0.803	2.082	3.609	21.482	0.660	13.089***
	1	10199	2.693	2.045	0	1.123	2.394	3.715	7.580		
	Total	22812	3.057	3.799	0	0.938	2.230	3.662	21.482		

注：企业产权性质中“0”表示民营企业，“1”表示国有企业，“Total”表示所有企业。***代表在1%的水平上显著。

（1）规模变量。①从总借款的规模来看，总样本的平均借款规模为185449万元，民营企业均值为80003万元，国有企业均值为316186万元，民营企业和国有企业均值差异为236183万元，t检验在1%的水平上显著。从分布来看，民营企业中位数和最大值为19700万元和1328116万元，而国有企业中位数和最大值为64500万元和3885631万元。总借款规模均值、中位数和最大值的差异都说明民营企业和国有企业的总借款规模存在显著差异，民营企业显著低于国有企业。②从长期负债比率（单位资产获得的长期借款）来看，总样本的长期负债比率均值为4.78%，民营企业为3.004%，国有企业为6.77%，民营企业和国有企业均值差异为3.97%，t检验在1%的水平上显著。从分布来看，民营企业50%以下的观测值为0，最大值为28.9%，国有企业的中位数为2.385%，最大值为44.3%。长期负债比率的均值、中位数、最大值差异都说明民营企业和国有企业存在差异。民营企业的长期负债比率显著低于国有企业，单位资产获得的长期借款显著较低。总而言之，民营企业的信贷资源配置规模显著低于国有企业。

（2）期限结构变量：从信贷期限结构（长期借款占总借款的比重）来看，总样本的信贷期限结构均值为27.619%，民营企业为21.701%，国有企业为34.08%，民营企业和国有企业的均值差异为12.379%，t检验在1%的水平上显著。从分布来看，民营企业的中位数仅为5.012%，国有企业中位数为24.568%。信贷期限结构的均值、中位数差异说明民营企业和国有企业的信贷期限结构存在差异。民营企业的长期借款占总借款的比重显著低于国有企业。

（3）融资成本变量。从企业获取信贷资源的实际利息率来看，总样本的实际利息率均值为3.057%，民营企业为3.352%，国有企业为2.693%，民营企业和国有企业的均值差异为0.659%，t检验在1%的水平上显著。2007～2017年，我国中央银行公布的1年期贷款基准利率①均值为5.82%。本书测算的上市公司实际利息率低于央行1年期基准贷款利率。原因可能是本书界定的实际利息率为利息支出除以总借款。因为总借款除包含从银行获取的信贷资源外，还包括应付账款、应付票据、预收账款、合同负债、应付手续费及佣金、应付职工薪酬、应交税费、其他应付款、长期应付款等，所以使用总借款计算的实际利息率低于央行公布的贷款基准利率。从实际利息率的分布来看，民营企业的中位数和最大值为2.082%和21.482%，国有企业的中位数和最大值为2.394%和7.58%。民营企业的实际利息率均值和最大值高于国有企业，而中位数低于国有企业。虽然可以由此判断出民营企业和国有企业的实际利息率存在显著差异，但在面板模型中进行实证检验的结果仍有待判定。

2. 核心解释变量描述性统计

表5－6是企业产权性质的描述性统计，经过数据处理后的样本观测值总量为22812个，其中国有企业10199个，占比44.71%；民营企业12613个，占比55.29%。2007～2017年，国有企业观测值的个数变动较小，民营企业观测值的个数逐年递增。

---

① 以年初值粗略估算，不考虑年中调整。

表5-6 企业产权性质描述性统计

年份	2007	2008	2009	2010	2011	2012
总样本（个）	1310	1388	1483	1818	2096	2255
国有企业	857	870	880	929	928	945
民营企业	453	518	603	889	1168	1310
年份	2013	2014	2015	2016	2017	合计
总样本（个）	2272	2385	2599	2607	2599	22812
国有企业	952	951	959	967	961	10199
民营企业	1320	1434	1640	1640	1638	12613

3. 控制变量描述性统计

表5-7是控制变量的描述性统计，国有企业和民营企业的资产规模、资产结构、经营状况、盈利状况等存在显著差异。

从企业规模来看，总样本的平均总资产规模为941693万元，民营企业均值为462183万元，国有企业均值为1534700万元，民营企业和国有企业的均值差异为1072517万元，t检验在1%的水平上显著。从分布来看，民营企业总资产规模中位数210376万元，国有企业中位数为462413万元，二者相差252037万元。民营企业的最大值为6024433万元，国有企业为16000000万元。总资产规模的均值、中位数和最大值差异都说明民营企业的总资产规模显著小于国有企业。

从清算价值比率（企业资产构成）来看，总样本固定资产占总资产的比重平均为22.702%，民营企业为19.233%，国有企业为26.991%。民营企业与国有企业的均值差异为7.758%，t检验在1%的水平上显著。从分布来看，民营企业的中位数和最大值为16.761%和58.266%，国有企业的中位数和最大值为23.736%和78.237%。企业资产构成的均值、中位数和最大值都说明民营企业和国有企业的清算价值比率存在差异，民营企业的清算价值比率显著低于国有企业，民营企业拥有较低的抵押品价值。

从流动比率来看，总样本流动资产占流动负债比例的均值为2.457%，民营企业为3.127%，国有企业为1.629%。民营企业和国有企业的均值差异为1.498%，

表 5-7 控制变量描述性统计

变量	企业产权性质	观测值	均值	标准差	最小值	p25	p50	p75	最大值	均值差异	均值差异 t 检验
总资产规模（万元）	0	12613	462183	822463	25783	108884	210376	446748	6024433	1072517	38. 264***
	1	10199	1534700	3012112	39478	207798	462413	1311716	16000000		
	Total	22812	941693	2171291	25783	135530	291305	719881	16000000		
总资产规模对数	0	12613	12. 366	1. 067	10. 157	11. 598	12. 257	13. 010	15. 611	0. 849	52. 875***
	1	10199	13. 215	1. 357	10. 583	12. 244	13. 044	14. 087	16. 585		
	Total	22812	12. 746	1. 277	10. 157	11. 817	12. 582	13. 487	16. 585		
清算价值比率（%）	0	12613	19. 233	13. 709	0. 016	8. 445	16. 761	27. 519	58. 266	7. 757	35. 614***
	1	10199	26. 991	19. 130	0. 025	11. 482	23. 736	39. 499	78. 237		
	Total	22812	22. 702	16. 804	0. 016	9. 544	19. 422	32. 357	78. 237		
流动比率（%）	0	12613	3. 127	3. 351	0. 420	1. 290	1. 920	3. 410	18. 050	1. 498	42. 247***
	1	10199	1. 629	1. 408	0. 270	0. 870	1. 260	1. 860	9. 900		
	Total	22812	2. 457	2. 766	0. 270	1. 070	1. 570	2. 600	18. 050		
负债比率（%）	0	12613	37. 938	20. 468	4. 790	21. 070	36. 390	52. 770	86. 010	13. 333	49. 788***
	1	10199	51. 271	19. 660	7. 950	36. 670	52. 430	66. 510	89. 430		
	Total	22812	43. 899	21. 175	4. 790	26. 920	43. 720	60. 370	89. 430		
总资产报酬率（%）	0	12613	7. 028	6. 125	-12. 950	3. 480	6. 390	10. 090	26. 930	1. 366	17. 093***
	1	10199	5. 662	5. 847	-12. 950	2. 790	5. 030	8. 150	26. 180		
	Total	22812	6. 417	6. 041	-12. 950	3. 120	5. 720	9. 260	26. 930		

续表

变量	企业产权性质	观测值	均值	标准差	最小值	p25	p50	p75	最大值	均值差异	均值差异 t 检验
资产周转率（%）	0	12613	58.875	39.604	7.884	33.394	49.384	72.622	236.192	9.310	15.896***
	1	10199	68.186	48.862	7.630	34.671	57.451	85.971	264.451		
	Total	22812	63.038	44.226	7.630	33.821	52.581	78.364	264.451		
托宾 Q	0	12613	3.189	2.176	0.589	1.754	2.497	3.845	12.760	1.009	40.256***
	1	10199	2.180	1.436	0.457	1.263	1.715	2.542	9.571		
	Total	22812	2.738	1.947	0.457	1.476	2.114	3.273	12.760		
托宾 Q2	0	12613	2.326	1.467	0.589	1.403	1.841	2.671	8.648	2.137	23.919***
	1	10199	1.902	1.147	0.457	1.183	1.533	2.172	7.155		
	Total	22812	2.137	1.350	0.457	1.290	1.694	2.444	8.648		
主营业务收入增长率（%）	0	12613	73.886	138.214	-56.570	1.714	19.031	51.550	406.283	31.132	19.654***
	1	10199	42.754	89.560	-50.924	-1.476	11.230	34.576	278.935		
	Total	22812	59.967	119.947	-56.570	0.000	15.277	43.285	406.283		
年龄	0	12613	15.721	5.021	6	12	15	19	29	0.675	9.698***
	1	10199	16.397	5.478	5	13	16	20	39		
	Total	22812	16.023	5.241	5	12	16	19	39		

注：企业产权性质中“0”表示民营企业，“1”表示国有企业，“Total”表示所有企业。托宾 Q =（流通股价 × 全部股份数 + 总负债）/总资产，托宾 Q2 =（流通股年末收盘价 × 流通股股份数 + 每股净资产 × 非流通股股份数 + 总负债）/总资产。托宾 Q2 是根据股权分置调整后的托宾 Q 值。*** 代表在 1% 的水平上显著。

t检验在1%的水平上显著。从分布来看，民营企业的中位数和最大值为1.92%和18.05%，国有企业中位数和最大值为1.26%和9.9%。流动比率的均值、中位数和最大值差异均说明民营企业的流动比率显著高于国有企业，短期偿债能力更强。

从负债比率来看，总样本的资产负债率均值为43.899%，民营企业均值为37.938%，国有企业为51.271%。民营企业和国有企业的均值差异为13.333%，t检验在1%的水平上显著。从分布来看，民营企业的中位数和最大值为36.39%和86.01%，国有企业的中位数和最大值为52.43%和89.43%。资产负债率的均值、中位数和最大值差异都说明民营企业和国有企业的负债比率存在差异，民营企业显著低于国有企业，国有企业的负债水平和财务风险高，举债能力相对强。

从盈利能力来看，总样本的总资产报酬率均值为6.417%，民营企业的均值为7.028%，国有企业为5.662%。民营企业比国有企业高1.366%，t检验在1%的水平上显著。从分布来看，民营企业的中位数和最大值为6.39%和26.93%，国有企业的中位数和最大值为5.03%和26.18%。总资产报酬率的均值、中位数和最大值差异都说明民营企业和国有企业的盈利能力存在差异。民营企业的盈利能力显著高于国有企业，能够获得稳定的资金流，偿债能力强。

从经营能力来看，总样本的资产周转率均值为63.038%，民营企业为58.875%，国有企业为68.186%，民营企业与国有企业资产周转率均值相差9.311%，t检验在1%的水平上显著。从分布来看，民营企业的中位数和最大值为49.384%和236.192%，国有企业的中位数和最大值为57.451%和264.451%。总资产周转率的均值、中位数和最大值差异都说明民营企业和国有企业的经营能力存在差异，国有企业的经营能力要显著强于民营企业，资产利用率较高。

从企业的成长性看，总样本托宾Q均值为2.738，民营企业为3.189，国有企业为2.180。使用根据股权分置调整的托宾Q发现，总样本均值为2.137，民营企业为2.326，国有企业为1.902。两种托宾Q值都反映了民营企业较好的成长性。从企业的主营业务增长率来看，总样本企业的均值为59.967%，民营企业为73.886%，国有企业为42.754%。三个指标的均值差异t检验均在1%的水平上显著。可以看出，民营企业与国有企业的成长性存在差异，民营企业比国有企业的成长性更好。

从企业年龄来看，总样本企业的年龄均值为 16.023，民营企业为 15.721，国有企业为 16.397。民营企业的年龄均值比国有企业小 0.676，均值差异在 1% 的水平上显著，表明民营企业的年龄显著低于国有企业。图 5－1 是企业观测值的地区分布占比。

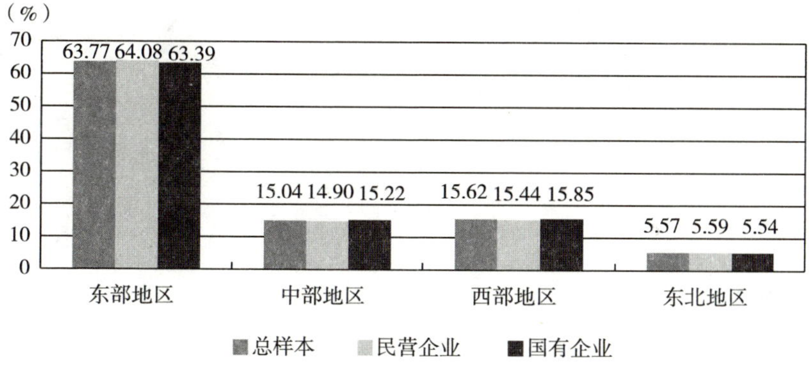

图 5－1　企业观测值地区分布占比

资料来源：根据《中国区域金融运行报告（2017）》整理。

从样本观测值的地区分布来看，东部地区的样本观测值数量最多，占比最高，达到 60% 以上；中部地区和西部地区的数量和占比接近，大约为 15%；东北地区的数量最少，占比最低，仅为 5.5% 以上。按企业产权性质划分，民营企业和国有企业在东部、中部、西部和东北地区分布的数量和比重与总样本相同，仍然表现为东部最高，东北地区最低。

二、变量相关性分析

表 5－8 是变量相关系数矩阵表。可以看出，信贷资源配置变量与企业产权性质变量存在显著相关性。其中，信贷资源配置规模变量（总借款规模和长期负

表 5-8　变量的相关系数矩阵

	总借款对数	长期负债比率	债务期限结构	融资成本	企业性质	总资产对数	清算价值比率	流动比率	资产负债率	总资产报酬率	资产周转率	托宾 Q	调整的托宾 Q	主营业务增长率
总借款对数	1													
长期负债比率	0512 ***	1												
债务期限结构	0.283 ***	0.717 ***	1											
融资成本	0.070 ***	0.043 ***	-0.031 ***	1										
企业性质	0.265 ***	0.245 ***	0.190 ***	-0.086 ***	1									
总资产对数	0.748 ***	0.376 ***	0.336 ***	-0.137 ***	0.330 ***	1								
清算价值比率	0.158 ***	0.235 ***	0.077 ***	0.110 ***	0.230 ***	0.66 ***	1							
流动比率	-0.477 ***	-0.218 ***	0.042 ***	0.147 ***	-0.269 ***	-0.313 ***	-0.276 ***	1						
资产负债率	0.629 ***	0.460 ***	0.202 ***	-0.016 **	0.313 ***	0.457 ***	0.106 ***	-0.637 ***	1					
总资产报酬率	-0.102 ***	-0.097 ***	0.022 ***	0.01	-0.112 ***	0.022 ***	-0.095 ***	0.164 ***	-0.268 ***	1				
资产周转率	-0.011	-0.210 ***	-0.262 ***	-0.017 ***	0.105 ***	0.033 ***	0.045 ***	-0.182 ***	0.159 ***	0.122 ***	1			
托宾 Q	-0.440 ***	-0.250 ***	-0.149 ***	0.015 **	-0.258 ***	-0.454 ***	-0.148 ***	0.274 ***	-0.363 ***	0.242 ***	0.070 ***	1		
调整的托宾 Q	-0.366 ***	-0.218 ***	-0.139 ***	-0.007	-0.156 ***	-0.391 ***	-0.092 ***	0.134 ***	-0.250 ***	0.108 ***	0.045 ***	0.843 ***	1	
主营业务增长率	-0.125 ***	-0.044 ***	-0.034 ***	0.088 ***	-0.129 ***	-0.170 ***	-0.083 ***	0.163 ***	-0.100 ***	0.286 ***	0.027 ***	0.185 ***	0.043 ***	1

注：*、**、*** 分别代表 10%、5% 和 1% 的显著性水平。

债比率）与企业产权性质呈显著正相关，表明民营企业相比国有企业，总借款规模更小，单位资产获得的长期借款更低；信贷期限结构的变量（长期借款占总借款的比重）与企业产权性质显著正相关，表明国有企业相比民营企业，能够获得更高比例的长期借款；企业融资成本变量即实际利息率与企业产权性质显著负相关，表明相比国有企业，民营企业获取信贷资源的融资成本更高。变量的相关关系与前文描述性统计分析的结论相同。企业的总借款、长期负债比率与总资产对数、清算价值比率、资产负债率呈显著正相关，表明大规模、抵押品价值高、负债能力强的企业更够获得的借款规模更大，单位资产获取的长期借款更多；与流动比率、总资产报酬率、托宾 Q、主营业务增长率显著负相关，表明短期偿债能力强、盈利能力高、成长性好的企业获得的信贷规模显著较低。这一结果说明我国信贷资源配置并未按照效率原则进行分配，信贷资源配置存在一定程度的错配现象。

债务期限结构与总资产对数、清算价值比率、流动比率、资产负债率、总资产报酬率呈显著正相关，表明大规模、抵押品价值高、短期偿债能力强、举债能力强、盈利能力强的企业能够获得更高比例的长期借款；与资产周转率、托宾 Q、主营业务增长率呈显著负相关，表明资产的使用效率越高、企业成长性越好，企业所获得的长期借款比例越低。而高经营效率和成长性的企业往往是民营企业，尤其是民营企业中的中小企业。

企业的融资成本与企业总资产对数、资产负债率显著负相关，表明企业规模越大，负债比率越高，企业获取信贷资源的实际利息率越低；与清算价值比率、流动比率、托宾 Q、主营业务增长率显著正相关，表明企业的抵押品价值高、短期偿债能力强、成长性好，企业的融资成本反而较高。这一结果说明我国信贷资源配置领域存在错配现象。

企业性质与总资产对数、清算价值比率、资产负债率显著正相关，说明大规模、固定资产比重和负债比率高的企业，多为国有企业；与流动比率、总资产报酬率、托宾 Q、主营业务增长率显著负相关，说明短期偿债能力强、盈利能力强、成长性好的企业，多为民营企业。进一步分析相关系数矩阵发现，部分变量之间的相关性较强，相关系数值较大：①总借款对数与总资产对数、资产负债率在1%的水平上显著正相关，相关系数为0.748、0.629，为避免实证过程中的多重共线性，被解释变量为总借款对数时，模型中不加入总资产对数和资产负债率变量；②流动比率与资产负债率在1%的水平上显著负相关，相关系数为-0.637，二者不同时放入回归模型中；③托宾Q与根据股权分置调整后的托宾Q显著正相关，相关系数为0.843，二者互为稳健性检验变量。

第五节　实证结果分析

相关系数矩阵分析揭示了企业产权性质与获得的信贷资源配置之间存在显著相关性，但这只是在未控制其他影响因素的情况下进行的初步分析，因此还不能就此断定企业产权性质与信贷资源配置变量之间的关系。下文将对影响信贷资源配置的企业微观层面因素和地区宏观层面因素加以控制，实证检验企业产权性质与信贷资源配置差异之间的关系，分析我国是否存在信贷资源配置的所有制差异。

一、企业产权性质与信贷资源配置规模

1. 企业产权性质与总借款规模

表5-9是企业产权性质与总借款规模的实证回归结果。实证层次1控制了企业规模、资产构成、财务比率、企业年龄、行业等企业微观层面因素，实证层次2在实证层次1的基础上，进一步控制地区宏观层面的经济增长因素。表5-9中分别显示了使用固定效应、随机效应和豪斯曼-泰勒估计量的实证结果。可以看出，由于在考察期内企业产权性质是一个不随时间改变的变量，使用固定效应

无法估计其影响，因此固定效应中企业产权性质的系数不显著；随机效应中企业产权性质的系数显著，但由于随机效应假设所有解释变量与个体效应均不相关，信贷资源配置模型因企业经营结构、企业管理层能力、行业地位等变量的遗漏以及企业资产规模、财务比率与信贷配置之间的双向因果关系而存在内生性，因此随机效应的估计结果并不一致；豪斯曼－泰勒估计量使用工具变量法较好地解决了固定效应和随机效应模型存在的问题，能够得到一致的估计结果。因此，下文对豪斯曼－泰勒估计量的结果进行分析。

表 5－9　企业产权性质与总借款规模

变量	实证层次 1			实证层次 2		
	(1)	(2)	(3)	(4)	(5)	(6)
	固定效应	随机效应	豪斯曼－泰勒估计量	固定效应	随机效应	豪斯曼－泰勒估计量
企业产权性质	0.113 (0.114)	0.338*** (0.068)	0.304*** (0.045)	0.114 (0.115)	0.340*** (0.069)	0.273*** (0.046)
清算价值比率	−0.497*** (0.184)	−0.383** (0.163)	−0.495*** (0.087)	−0.512*** (0.185)	−0.398** (0.164)	−0.487*** (0.087)
流动比率	−0.333*** (0.016)	−0.349*** (0.016)	−0.337*** (0.006)	−0.334*** (0.016)	−0.350*** (0.016)	−0.340*** (0.006)
总资产报酬率	0.002 (0.003)	0.004 (0.003)	0.001 (0.002)	0.002 (0.003)	0.003 (0.003)	0.0004 (0.002)
资产周转率	−0.514*** (0.072)	−0.418*** (0.061)	−0.545*** (0.035)	−0.510*** (0.073)	−0.412*** (0.061)	−0.539*** (0.035)
托宾 Q	−0.197*** (0.011)	−0.223*** (0.011)	−0.167*** (0.006)	−0.196*** (0.011)	−0.223*** (0.011)	−0.169*** (0.006)
主营业务增长率	0.060*** (0.012)	0.057*** (0.011)	0.070*** (0.007)	0.061*** (0.012)	0.057*** (0.011)	0.064*** (0.007)
企业年龄	−0.055 (0.079)	0.005 (0.007)	0.102*** (0.003)	−0.055 (0.079)	0.005 (0.007)	0.117*** (0.004)
经济增速				0.011 (0.008)	0.006 (0.008)	0.024*** (0.005)

续表

变量	实证层次 1			实证层次 2		
	(1)	(2)	(3)	(4)	(5)	(6)
	固定效应	随机效应	豪斯曼－泰勒估计量	固定效应	随机效应	豪斯曼－泰勒估计量
常数项	12.17*** (0.843)	11.30*** (0.226)	9.373*** (0.142)	12.02*** (0.848)	11.22*** (0.258)	9.252*** (0.162)
R^2	0.291	—	—	0.292	—	—
观测值	19124	19124	19124	19045	19045	19045
行业效应	控制	控制	控制	控制	控制	控制
年度效应	控制	控制	—	控制	控制	—

注：括号中为稳健标准误，*、**、***分别代表10%、5%和1%的显著性水平。被解释变量为总借款规模的对数。地区效应不显著，在模型中进行了剔除。

豪斯曼－泰勒估计量的实证结果表明，企业产权性质与总借款规模显著正相关。相较民营企业，国有企业能够获得更多的借款总规模，二者的借款总规模存在显著差异。第（3）列中企业产权性质的估计系数为0.304，在1%的水平上显著，表明国有企业的总借款规模增长率比民营企业高30.4%；第（6）列中企业产权性质的估计系数为0.273，在1%的水平上显著，说明在进一步控制地区宏观经济变量后，国有企业和民营企业的总借款规模仍然存在显著差异，但差异有所减小。

控制变量中，企业主营业务增长率与企业借款总规模显著正相关，系数为0.064，在1%的水平上显著，表明企业营业收入增长越快，成长性越好，企业的总借款规模增长越快。企业清算价值比率系数显著为负，系数为－0.487，在1%的水平上显著；流动比率系数显著为负，系数为－0.340，在1%的水平上显著；企业资产周转率系数显著为负，系数为－0.539，在1%的水平上显著。这些数据表明企业固定资产比重越大，抵押品价值越高，债务担保能力越强，企业获得的借款总规模越低。而且，企业短期变现能力越强，短期偿债能力越强，资产使用效率越高，企业获得的借款总规模反而越小。这与预期的结论不一致，表明我国企业的信贷资源配置并未按照效率配置原则进行分配，信贷资源配置存在一定程度的错配，可能存在其他影响企业信贷资源配置的相关因素，而这正是本书后续章节试图解决的问题。企业年龄系数显著为正，系数为 0.117，在 1% 的水平上显著。这些数据表明企业的成立时间越长，企业获得借款总规模越大。地区经济增速系数显著为正，系数为 0.024，在 1% 的水平上显著，表明地区经济增速提高，可以有效促进企业总借款规模的扩大。

2. 企业产权性质与长期负债比率

表 5－10 是企业产权性质与长期负债比率的实证回归结果。实证层次 1 和实证层次 2 与表 5－9 相同，实证层次 1 控制企业微观层面变量，实证层次 2 进一步控制地区宏观层面变量。此处仍依据使用工具变量法的豪斯曼－泰勒估计量的实证结果进行分析。实证结果表明，企业产权性质与长期负债比率显著正相关，企业产权性质对长期负债比率存在显著正向影响。民营企业和国有企业的长期负债比率存在显著差异。相较国有企业而言，民营企业的长期负债比率更低，单位资产获得的长期借款更少。国有企业负债的资本化程度更高，长期负债更多，单位资产获得的长期借款更多。第（3）列中企业产权性质的系数为 0.006，在 1% 的水平上显著，表明国有企业单位资产获得的长期借款比民营企业高 0.6%；第（6）列中企业产权性质的系数为 0.005，在 1% 的水平上显著，表明在增加控制地区宏观经济效应的变量后，民营企业和国有企业的长期负债比率仍然存在显著差异，但是差异水平有所变小。反映地区宏观经济效应的经济增速对企业长期负债比率存在显著正向影响，系数为 0.001，在 1% 的水平上显著，表示地区经济增速提高会使企业单位资产获得的长期借款增加。

控制变量方面，企业清算价值比率与企业长期负债比率呈显著正相关，系数为 0.041，在 1% 的水平上显著，表示企业的固定资产比率越高，企业可抵押价值越高，企业获得的长期借款比率越高，原因在于长期借款通常需要价值稳定、可变现的固定资产作抵押。企业的流动比率与企业长期负债比率呈显著正相关，系数为 0.003，在 1% 的水平上显著，表明企业的变现能力越强，企业更有能力获得长期借款。资产负债率与企业长期负债比率显著正相关，系数为0.002，在1%的水平上显著，表明企业的负债水平越高，负债能力越强，企业长期借款比率越高。总资产报酬率与企业长期负债比率呈显著正相关，系数为0.0005，在1%的水平上显著，表示企业的盈利能力越强，企业的长期借款比率越高。企业资产周转率与企业长期负债比率显著负相关，系数为-0.037，在1%的水平上显著，表明企业经营效率与企业长期负债比率负相关，即企业的资产使用效率越高，经营效率越高，企业的长期借款比率越低。企业托宾Q与企业长期负债比率显著负相关，系数为-0.001，在1%的水平上显著，表明企业的成长性越好，企业获得的长期借款比率越低。成长性较好的企业通常为新兴行业和风险较大的企业，获得商业银行长期借款的能力较弱。企业年龄与企业长期负债比率不相关，说明企业的成立年限对企业长期借款比重不存在显著影响。

表5-10 企业产权性质与长期负债比率

变量	实证层次1			实证层次2		
	(1)	(2)	(3)	(4)	(5)	(6)
	固定效应	随机效应	豪斯曼-泰勒估计量	固定效应	随机效应	豪斯曼-泰勒估计量
企业产权性质	0.002 (0.005)	0.006** (0.002)	0.006*** (0.002)	0.002 (0.005)	0.006** (0.002)	0.005*** (0.002)
清算价值比率	0.044*** (0.011)	0.058*** (0.009)	0.041*** (0.004)	0.043*** (0.011)	0.058*** (0.009)	0.041*** (0.004)
流动比率	0.003*** (0.0003)	0.003*** (0.0003)	0.003*** (0.0002)	0.003*** (0.0003)	0.003*** (0.0003)	0.003*** (0.0002)
资产负债率	0.002*** (0.0001)	0.002*** (0.0001)	0.002*** (0.00003)	0.002*** (0.0001)	0.002*** (0.0001)	0.002*** (0.00003)
总资产报酬率	0.0004*** (0.0001)	0.0006*** (0.0001)	0.0005*** (0.00007)	0.0004*** (0.0001)	0.0005*** (0.0001)	0.0005*** (0.00007)
资产周转率	-0.037*** (0.003)	-0.039*** (0.002)	-0.037*** (0.002)	-0.037*** (0.003)	-0.039*** (0.002)	-0.037*** (0.002)
托宾Q	-0.002*** (0.0004)	-0.002*** (0.0003)	-0.001*** (0.0002)	-0.002*** (0.0004)	-0.002*** (0.0003)	-0.001*** (0.0002)

续表

变量	实证层次 1			实证层次 2		
	(1)	(2)	(3)	(4)	(5)	(6)
	固定效应	随机效应	豪斯曼－泰勒估计量	固定效应	随机效应	豪斯曼－泰勒估计量
主营业务增长率	0.0006 (0.0004)	0.0005 (0.0004)	-0.0002 (0.0003)	0.0007* (0.0004)	0.0005 (0.0004)	-0.0004 (0.0003)
企业年龄	-0.005** (0.002)	-0.0003 (0.0002)	-0.0006*** (0.0001)	-0.005** (0.002)	-0.0003 (0.0002)	-0.00001 (0.0002)
经济增速				0.0009** (0.0004)	0.0009** (0.0004)	0.001*** (0.0002)
常数项	0.031 (0.024)	-0.036*** (0.010)	-0.025*** (0.005)	0.002 (0.026)	-0.049*** (0.012)	-0.042*** (0.006)
R^2	0.154	—	—	0.155	—	—
观测值	22778	22778	22778	22689	22689	22689
行业效应	控制	控制	控制	控制	控制	控制
年度效应	控制	控制	—	控制	控制	—

注：括号中为稳健标准误，*、**、***分别代表10%、5%和1%的显著性水平。地区效应不显著，在模型中进行了剔除。

综上所述，企业产权性质与企业信贷资源配置规模呈显著正相关的关系，即民营企业和国有企业的信贷资源配置总规模和单位资产获得的长期借款规模都存在显著差异。相较民营企业，国有企业获得的信贷资源配置规模更大。在国有企业和民营企业间进行银行信贷资源配置时，更偏爱国有企业，信贷资源存在所有制层面的“配置规模差异”。

二、企业产权性质与信贷配置期限结构

表5－11是企业产权性质与信贷期限结构的实证回归结果。实证层次1和实证层次2与表5－9相同，实证层次1引入企业微观层面控制因素，实证层次2

引入地区宏观经济层面因素。豪斯曼–泰勒估计量的实证结果表明，企业产权性质与企业信贷期限结构显著正相关，企业产权性质对信贷期限结构存在显著正向影响。民营企业和国有企业的信贷期限结构存在显著差异，相较民营企业，国有企业能够获得更多的长期信贷资源。第（3）列中企业产权性质的系数为0.025，在1%的水平显著，表明相较民营企业，国有企业的信贷配置中长期借款的比重要高出2.5%；第（6）列中企业产权性质的系数为0.021，在1%的水平上显著，表明在增加控制地区宏观层面经济因素后，企业产权性质对信贷期限结构的影响依然显著，国有企业长期贷款比例比民营企业高2.1%，企业产权系数比第（3）列中的数值小。第（3）列和第（6）列均说明企业产权性质对信贷期限结构存在显著正向影响，即国有企业的长期借款比重更高，能获得更多的长期贷款。

表5–11　企业产权性质与信贷期限结构

变量	实证层次1			实证层次2		
	(1)	(2)	(3)	(4)	(5)	(6)
	固定效应	随机效应	豪斯曼–泰勒估计量	固定效应	随机效应	豪斯曼–泰勒估计量
企业产权性质	0.002 (0.022)	0.027*** (0.010)	0.025*** (0.008)	0.004 (0.023)	0.027*** (0.010)	0.021** (0.008)
企业总资产	0.072*** (0.008)	0.063*** (0.005)	0.074*** (0.004)	0.071*** (0.008)	0.063*** (0.005)	0.073*** (0.004)
清算价值比率	0.166*** (0.035)	0.220*** (0.028)	0.163*** (0.020)	0.164*** (0.035)	0.218*** (0.028)	0.163*** (0.020)
流动比率	0.045*** (0.004)	0.046*** (0.003)	0.046*** (0.002)	0.045*** (0.004)	0.046*** (0.003)	0.046*** (0.002)
资产负债率	0.003*** (0.0003)	0.003*** (0.0003)	0.003*** (0.0002)	0.003*** (0.0003)	0.003*** (0.0003)	0.003*** (0.0002)
总资产报酬率	0.002*** (0.0005)	0.003*** (0.0005)	0.002*** (0.0004)	0.002*** (0.0005)	0.003*** (0.0005)	0.002*** (0.0004)

续表

变量	实证层次 1			实证层次 2		
	(1)	(2)	(3)	(4)	(5)	(6)
	固定效应	随机效应	豪斯曼 - 泰勒估计量	固定效应	随机效应	豪斯曼 - 泰勒估计量
资产周转率	-0.079*** (0.013)	-0.109*** (0.009)	-0.079*** (0.008)	-0.079*** (0.013)	-0.109*** (0.009)	-0.080*** (0.008)
托比 Q	0.002 (0.002)	0.003 (0.002)	0.003** (0.001)	0.002 (0.002)	0.003 (0.002)	0.003** (0.001)
主营业务增长率	-0.002 (0.002)	-0.002 (0.002)	-0.005*** (0.002)	-0.002 (0.002)	-0.002 (0.002)	-0.006*** (0.002)
企业年龄	-0.001 (0.015)	0.001 (0.0009)	-0.004*** (0.0009)	-0.0006 (0.015)	0.001 (0.001)	-0.001 (0.001)
经济增速				0.002 (0.002)	0.003* (0.002)	0.004*** (0.001)
常数项	-0.893*** (0.173)	-0.865*** (0.066)	-0.937*** (0.050)	-0.920*** (0.177)	-0.910*** (0.072)	-0.978*** (0.053)
R^2	0.087	—	—	0.087	—	—
观测值	19111	19111	19111	19032	19032	19032
行业效应	控制	控制	控制	控制	控制	控制
年度效应	控制	控制	—	控制	控制	—

注：括号中为稳健标准误，*、**、*** 分别代表 10%、5% 和 1% 的显著性水平。地区效应不显著，在模型中进行了剔除。

控制变量方面，企业资产规模、清算价值比率与信贷期限结构显著正相关，二者的系数分别为 0.073 和 0.163，均在 1% 的水平上显著，表明企业的规模越大，固定资产所占比重越高，企业可抵押资产的价值越高，企业获得的长期贷款越多。财务比率方面，企业流动比率、资产负债率、总资产报酬率与企业信贷期限结构正相关，系数分别为 0.046、0.003 和 0.002，均在 1% 的水平上显著，表明企业的流动资产越多，短期偿债能力越强，负债能力越强，盈利能力越高，企业获得的长期贷款越多。资产周转率与信贷期限结构显著负相关，系数为

-0.08，在1%的水平上显著，表示企业资金周转速度快，资金利用效率高，能够有效缓解企业的融资需求，企业的长期信贷比例会较低。

综上所述，企业产权性质与企业信贷期限结构呈显著正相关的关系，即民营企业和国有企业的信贷期限结构存在差异。相较民营企业，国有企业获得的信贷资源配置中长期借款比重更高。在国有企业和民营企业间进行银行信贷资源配置时，更偏爱国有企业，信贷资源配置存在所有制层面的“期限结构差异”。

三、企业产权性质与信贷融资成本

表5-12是企业产权性质与信贷融资成本的实证回归结果。实证层次1和实证层次2与表5-9相同，实证层次1引入企业层面控制因素，实证层次2引入地区宏观经济层面因素。豪斯曼-泰勒估计量的实证结果表明，企业产权性质与信贷融资成本显著负相关，企业产权性质对信贷融资成本存在显著负向影响。民营企业和国有企业的融资成本存在显著差异，相较国有企业，民营企业获取信贷资源所要支付的实际利息率更高。第（3）列中企业产权性质的系数为-0.005，在1%的水平上显著，表明民营企业的融资成本比国有企业高50个基点①；第（6）列中企业性质的系数为-0.004，在1%的水平上显著，企业产权性质对融资成本的影响依然显著为负。第（3）列和第（6）列均说明企业产权性质对信贷融资成本存在显著负向影响，民营企业和国有企业的实际利息率存在显著差异。相比国有企业，民营企业获取信贷资源的融资成本显著更高。

控制变量中，企业总资产规模、托宾Q与信贷融资成本显著负相关，系数为-0.003和-0.0003，分别在1%和5%的水平上显著，表明企业资产规模越大，成长性越好，企业的融资成本越低。企业清算价值比率、流动比率、资产负债率与融资成本呈显著正相关，系数为0.039、0.003、0.0003，均在1%的水平上显著，表明企业固定资产比重越高，可抵押价值越高，短期偿债能力越强，负债水

① 1个基点为万分之一。

平越高，企业获取信贷资源的融资成本越高。结合企业产权性质与信贷期限结构的实证结果，企业融资成本较高的原因在于具有此类特征的企业通常能够获得较多的长期借款，而长期借款的利率较高。地区宏观经济增长与融资成本显著负相关，系数为 -0.001，在1%的水平上显著，表明地区宏观经济的发展可以有效降低企业融资的实际利息率。

表 5-12　企业产权性质与信贷融资成本

变量	实证层次1			实证层次2		
	(1)	(2)	(3)	(4)	(5)	(6)
	固定效应	随机效应	豪斯曼-泰勒估计量	固定效应	随机效应	豪斯曼-泰勒估计量
企业产权性质	-0.011*** (0.003)	-0.011*** (0.0008)	-0.005*** (0.001)	-0.011*** (0.003)	-0.011*** (0.0008)	-0.004*** (0.001)
企业总资产	-0.003*** (0.001)	-0.002*** (0.0004)	-0.003*** (0.0006)	-0.004*** (0.001)	-0.002*** (0.0004)	-0.003*** (0.0006)
清算价值比率	0.032*** (0.004)	0.030*** (0.002)	0.037*** (0.003)	0.032*** (0.004)	0.031*** (0.003)	0.039*** (0.003)
流动比率	0.004*** (0.0003)	0.004*** (0.0003)	0.003*** (0.0002)	0.004*** (0.0003)	0.004*** (0.0003)	0.003*** (0.0001)
资产负债率	0.0003*** (0.00004)	0.0003*** (0.00003)	0.0002*** (0.00003)	0.0003*** (0.00004)	0.0003*** (0.00003)	0.0003*** (0.00003)
总资产报酬率	0.00003 (0.0001)	0.00005 (0.0001)	-0.00009 (0.0001)	0.00004 (0.0001)	0.00006 (0.0001)	-0.00006 (0.0001)
资产周转率	0.002 (0.002)	-0.001 (0.001)	-0.001 (0.001)	0.002 (0.002)	-0.001 (0.001)	-0.0006 (0.001)
托宾Q	-0.001*** (0.0003)	-0.0008*** (0.0002)	-0.0002 (0.0002)	-0.001*** (0.0003)	-0.0008*** (0.0002)	-0.0003** (0.0002)
主营业务增长率	-0.00004 (0.0003)	-0.0006** (0.0003)	-0.0004* (0.0002)	-0.0001 (0.0003)	-0.0006** (0.0003)	-0.0001 (0.0002)
企业年龄	0.0009 (0.002)	0.0001* (0.0001)	-0.003*** (0.0001)	0.0009 (0.002)	0.0001* (0.0001)	-0.004*** (0.0002)

续表

变量	实证层次1			实证层次2		
	(1)	(2)	(3)	(4)	(5)	(6)
	固定效应	随机效应	豪斯曼－泰勒估计量	固定效应	随机效应	豪斯曼－泰勒估计量
经济增速				-0.0006*** (0.0002)	-0.0006*** (0.0002)	-0.001*** (0.0001)
常数项	0.062** (0.026)	0.057*** (0.006)	0.082*** (0.007)	0.072*** (0.026)	0.067*** (0.007)	0.116*** (0.007)
R^2	0.183	—	—	0.182	—	—
观测值	22778	22778	22778	22689	22689	22689
行业效应	控制	控制	控制	控制	控制	控制
年度效应	控制	控制	—	控制	控制	—

注：括号中为稳健标准误，*、**、***分别代表10%、5%和1%的显著性水平。地区效应不显著，在模型中进行了剔除。

综上所述，企业产权性质与信贷融资成本显著负相关。民营企业和国有企业的信贷融资成本存在显著差异，民营企业的实际利息率更高。信贷资源在国有企业和民营企业间配置时，实际利息率存在明显差异。信贷资源配置存在所有制层面的“融资成本差异”。

第六节　稳健性检验

为了检验实证估计结论的稳健性，采用两种方法对实证估计结果进行稳健性检验。

首先，根据银行信贷理论与实务①，银行的信贷发放决策依据不仅包含企业

① 参见附录A。

当期的财务数据和经营表现，也包含前期的历史经营业绩数据，一般为企业最近三年的财务数据。因此，在实证模型中加入企业最近3年的财务数据，即引入企业微观层面滞后二期变量对实证结果重新进行估计。

其次，金融危机期间，我国推出了“四万亿刺激计划”①，导致2009年、2010年信贷资源规模畸增，信贷增速畸高，为避免特殊年份数值对实证检验的影响，本书剔除2009年、2010年数据重新进行检验。

表5-13是引入企业微观层面滞后二期变量的稳健性检验结果，采用豪斯曼-泰勒估计量进行检验。（1）至（4）列被解释变量分别为总借款规模、长期负债比率、信贷期限结构和信贷融资成本，结果表明：①企业产权性质与信贷配置规模变量（总借款规模、长期负债比率）显著正相关，系数分别为0.184、0.008，在1%的水平上显著，表明相比民营企业，国有企业获得的总借款规模、单位资产获得的长期借款均显著更高。信贷资源配置存在所有制的“信贷规模差异”，这支持了基础回归的结论。②企业产权性质与信贷期限结构呈显著正相关，系数为0.041，在1%的水平上显著，表明相比民营企业，国有企业获得的信贷资源中长期借款的比重显著更高。国有企业和民营企业间存在信贷期限结构的差异，信贷配置存在所有制的“信贷期限结构差异”，这支持了基础回归的结论。③企业产权性质与信贷融资成本显著负相关，系数为-0.005，在1%的水平上显著，表明相比国有企业，民营企业获取信贷资源的实际利息率显著更高。民营企业和国有企业获取信贷资源支付的融资成本存在显著差异，信贷资源配置存在所有制的“融资成本差异”，这支持了基础回归的结论。④控制变量中，企业微观层面滞后二期变量系数是显著的，证实了引入滞后变量的合理性，也反映了银行信贷实务工作中依据企业连续三年财务报表进行信贷决策的合理性。控制变量系数的显著性与基础回归基本一致，不再赘述。

---

① 2008年，美国次贷危机、欧洲欧债危机接踵而至，中国经济增速快速回落，出口出现负增长，工人失业、金融市场剧烈回撤，经济面临硬着陆的风险。在此背景下，我国政府推出“四万亿刺激计划”，以投资拉动内需。同时，采取财政和货币双重宽松政策。四万亿刺激计划的资金主要以贷款形式发放，该计划使得我国社会融资规模迅速扩张，企业部门杠杆率显著提升。

表 5－13　稳健性检验：引入控制变量滞后二期

变量	(1) 总借款规模	(2) 长期负债比率	(3) 信贷期限结构	(4) 信贷融资成本
企业产权性质	0.184*** (0.052)	0.008*** (0.002)	0.041*** (0.010)	－0.005*** (0.001)
企业总资产			0.038*** (0.010)	－0.005*** (0.001)
L. 企业总资产			0.031** (0.013)	－0.0002 (0.002)
L2. 企业总资产			－0.012 (0.010)	0.003** (0.001)
清算价值比率	－0.426*** (0.117)	0.073*** (0.006)	0.265*** (0.029)	0.018*** (0.003)
L. 清算价值比率	－0.120 (0.127)	－0.029*** (0.006)	－0.092*** (0.031)	0.014*** (0.004)
L2. 清算价值比率	－0.193* (0.108)	－0.024*** (0.005)	－0.090*** (0.027)	0.005 (0.003)
流动比率	－0.325*** (0.009)	0.005*** (0.0003)	0.059*** (0.002)	0.003*** (0.0002)
L. 流动比率	－0.069*** (0.008)	－0.0007** (0.0003)	－0.002 (0.002)	0.0005*** (0.0002)
L2. 流动比率	－0.046*** (0.006)	－0.0006** (0.0003)	0.002 (0.002)	－0.0006*** (0.0002)
资产负债率		0.002*** (0.00005)	0.004*** －0.0003	－0.0001** (0.00003)
L. 资产负债率		0.00007 －0.00006	－0.00010 －0.00030	0.0005*** －0.00003
L2. 资产负债率		－0.00003 (0.00004)	0.0001 (0.0003)	0.0001*** (0.00003)
总资产报酬率	－0.010*** (0.002)	0.0003*** (0.0001)	0.003*** (0.0005)	－0.00007 (0.0001)
L. 总资产报酬率	0.006*** (0.002)	0.0003*** (0.0001)	0.001** －0.00050	－0.00003 (0.0001)

续表

变量	(1) 总借款规模	(2) 长期负债比率	(3) 信贷期限结构	(4) 信贷融资成本
L2. 总资产报酬率	0.011*** (0.002)	0.00010 (0.00008)	-0.0003 (0.0004)	-0.0002*** (0.00005)
资产周转率	-0.870*** (0.050)	-0.047*** (0.002)	-0.108*** (0.015)	-0.0004 (0.002)
L. 资产周转率	0.059 (0.057)	-0.005** (0.003)	-0.005 (0.017)	-0.0006 (0.002)
L2. 资产周转率	0.235*** (0.048)	0.008*** (0.002)	0.018 (0.014)	-0.003* (0.002)
托宾 Q	-0.147*** (0.007)	-0.0006* (0.0003)	0.002 (0.002)	0.001*** (0.0002)
L. 托宾 Q	-0.042*** (0.008)	-0.0003 (0.0003)	0.0003 (0.002)	-0.003*** (0.0002)
L2. 托宾 Q	-0.031*** (0.006)	-5.69e-05 (0.0003)	0.001 (0.002)	0.001*** (0.0002)
主营业务增长率	0.366*** (0.017)	0.009*** (0.0008)	0.015** (0.006)	0.0003 (0.0007)
L. 主营业务增长率	0.303*** (0.018)	0.007*** (0.0009)	-0.005 (0.006)	0.0007 (0.0007)
L2. 主营业务增长率	0.008 (0.007)	0.0004 (0.0003)	-0.001 (0.002)	0.005*** (0.0002)
企业年龄	0.101*** (0.005)	-0.0003 (0.0002)	-0.0003 (0.002)	-0.001*** (0.0002)
经济增速	0.019*** (0.005)	0.002*** (0.0003)	0.006*** (0.001)	-0.0006** (0.0001)
常数项	9.971*** (0.199)	-0.042*** (0.009)	-0.847*** (0.075)	0.058*** (0.009)
观测值	14895	17367	14887	17367
行业效应	控制	控制	控制	控制

注：括号中为稳健标准误，*、**、*** 分别代表 10%、5% 和 1% 的显著性水平。列（1）中被解释变量为总借款规模的对数。地区效应不显著，在模型中进行了剔除。L. 表示一阶滞后，L2. 表示二阶滞后。

表5-14是使用剔除受金融危机和“四万亿刺激计划”影响的2009年和2010年数据进行的稳健性检验，使用豪斯曼-泰勒估计量进行估计。（1）至（4）列被解释变量分别为借款总规模、长期负债比率、信贷期限结构和信贷融资成本。实证结果表明，企业产权性质与借款总规模、长期负债比率、信贷期限结构显著正相关。这说明相比民营企业，国有企业能够获得更大的信贷配置规模和更长的信贷期限，并且获取信贷资源的融资成本显著更低。这也支持了信贷资源配置存在所有制的“规模差异”“期限结构差异”和“融资成本差异”的结论，证明了基础回归的稳健性。

表5-14　稳健性检验：剔除特殊年份数据

变量	(1) 总借款规模	(2) 长期负债比率	(3) 信贷期限结构	(4) 信贷融资成本
企业产权性质	0.257*** (0.047)	0.005*** (0.002)	0.021** (0.009)	-0.003*** (0.0009)
经济增速	0.032*** (0.005)	0.001*** (0.0002)	0.004*** (0.001)	-0.0006*** (0.0001)
企业总资产			0.072*** (0.004)	-0.003*** (0.0005)
清算价值比率	-0.506*** (0.092)	0.042*** (0.004)	0.168*** (0.021)	0.040*** (0.003)
流动比率	-0.350*** (0.006)	0.003*** (0.0002)	0.047*** (0.002)	0.003*** (0.0001)
资产负债率		0.002*** (0.00003)	0.003*** (0.0002)	0.0003*** (0.00002)
总资产报酬率	0.0005 (0.002)	0.0004*** (0.00007)	0.002*** (0.0004)	-0.00007 (0.00004)
资产周转率	-0.516*** (0.037)	-0.036*** (0.002)	-0.080*** (0.009)	0.001 (0.001)
托宾Q	-0.173*** (0.006)	-0.001*** (0.0002)	0.002 (0.001)	-0.001*** (0.0002)

续表

变量	(1) 总借款规模	(2) 长期负债比率	(3) 信贷期限结构	(4) 信贷融资成本
主营业务增长率	0.068*** (0.007)	0.00004 (0.0003)	-0.003** (0.002)	0.001*** (0.0002)
企业年龄	0.127*** (0.004)	0.0003 (0.0002)	0.00007 (0.001)	-0.002*** (0.0001)
常数项	9.027*** (0.169)	-0.046*** (0.006)	-0.990*** (0.055)	0.088*** (0.006)
观测值	17733	21216	17720	21216
行业效应	控制	控制	控制	控制

注：括号中为稳健标准误，*、**、***分别代表10%、5%和1%的显著性水平。列（1）中被解释变量为总借款规模的对数。地区效应不显著，在模型中进行了剔除。

第七节　本章小结

本章通过使用我国2007~2017年A股上市公司数据，对企业产权性质与信贷资源配置的关系进行了实证检验，包括三个层面：企业产权性质与信贷配置规模、企业产权性质与信贷期限结构、企业产权性质与信贷融资成本。结论如下：

第一，企业产权性质与信贷资源配置规模变量（总借款规模和长期负债比率）显著正相关，企业产权性质对企业获取信贷资源规模存在显著正向影响。相较民营企业，国有企业能够获得更大规模的信贷资源，单位资产获得的长期借款更多。我国信贷资源配置在所有制层面存在"配置规模差异"。

第二，企业产权性质与企业信贷期限结构呈显著正相关，企业产权性质对企业获取长期信贷资源具有显著正向影响。相较民营企业，国有企业获得的信贷资源中，长期借款在总借款中的比重更大，长期借款更多。我国信贷资源配置在所有制层面存在“信贷期限结构差异”。

第三，企业产权性质与企业融资成本呈显著负相关，企业产权性质对企业获取信贷资源的融资成本存在显著负向影响。相较国有企业，民营企业获取信贷资源的实际利息率更高。我国信贷资源配置在所有制层面存在“融资成本差异”。

综上所述，我国信贷资源在国有企业和民营企业间配置时存在所有制差异，表现为三个方面：配置规模差异、信贷期限结构差异和融资成本差异。原因可能在于，一是国有企业一般具有较长的经营历史，并且与银行保持了长期的交易和合作关系。我国以国有银行为主的银行体系和国有企业之间长期稳定的合作关系有助于缓解二者之间的信息不对称问题，使银行评定国有企业资质所花费的信息成本大大降低。相反，民营企业的经营历史较短，与银行业没有长期的交易关系，导致银行评价民营企业资质所需的信息成本相对高昂（Loren et al.，2003）。二是相比民营企业，国有企业的信贷违约风险较低。国有企业的资产规模大，大规模企业的信誉和信息透明度较高，可以降低银行的信息不对称程度，降低逆向选择和道德风险的概率；大规模企业资本雄厚，资产充足，可供抵押的资产价值高，变现能力强，银行提供给大规模企业的信贷资源的信用风险较小；大规模企业的资金流稳定，大大增强了企业的偿债能力，企业破产风险低。大规模企业借款合同违约后企业破产清算的概率相较小规模企业要低得多。而民营企业，尤其是民营企业中的中小企业，缺乏市场信用记录，信息不透明，可供抵押资产少、抵押价值低，借款合同违约后破产概率高，使得银行常常认为其信贷违约概率高，从而遭受银行的信贷歧视。三是国有企业承担了更多的政策性负担，在面临财务风险时，国有企业的“政治关联”使政府愿意帮助其渡过难关。政府的干预大大降低了债务履约的履约成本，使得国有企业违约风险所可能导致的贷款损失大为减少。银行进行信贷决策时也会考虑政府提供的违约隐形担保，认为国有企业的违约风险较低。四是实际经营活动中，国有企业在产品市场、要素市场等拥有更多的“优待”，因此经营风险较低（Loury，1998），提高了商业银行向其提供信贷资源的意愿。

第六章 货币政策对信贷资源配置所有制差异的影响

信贷资源是影响我国实体经济资源配置的主导因素之一，一直以来在中国企业的外部融资过程中占据主导地位（姚余栋、李宏瑾，2013）。货币政策变动是影响信贷资源配置的重要外生冲击。由于金融市场的不完善、不同期限结构利率间传导渠道的不畅通，数量式传导渠道而非价格式传导渠道成为我国货币政策的主要传导途径（战明华等，2018）。价格式传导主要指利率传导，而数量式传导主要指的就是银行信贷传导渠道。考察货币政策如何通过银行信贷渠道影响信贷资源配置，尤其是信贷资源在国有企业和民营企业间的配置，对于提升信贷资源配置效率、缓解民营企业融资难题具有重要的现实意义。

企业的资产负债率是资本需求和资本供给共同作用的结果。政府宏观政策作为影响资本供给方的因素，在中国的实施历来积极主动。中国的宏观政策具有显著的逆周期特征，企业资本结构的"逆经济周期"变动可能就是宏观政策作用的结果（苏冬蔚、曾海舰，2009）。货币政策作为政府干预宏观经济的主要调控手段之一，近年来被频繁使用。货币政策调整时，央行通过调高或调低存款准备金率、央行基准利率、再贴现率等政策紧缩或放松银根，通过信贷传导渠道如信贷资金规模和信贷融资成本的上升或下降影响实体经济及企业的信贷融资活动。不同的货币政策对不同性质企业的信贷融资存在不同的影响。宽松的货币政策会加大规模大、盈利高、拥有大量资金银行的放款压力（方军雄，2010），加剧银行对优质客户的争夺，因此禀赋特征较好的企业在货币宽松时期更容易获得贷款。孙大超等（2014）通过分析工业企业制造业数据发现，适度从紧的货币政策更多地抑制了中小企业而非大型企业的银行融资能力，导致中小企业应付账款融资显著增加；银行业垄断显著增加了适度从紧的货币政策对中小企业的冲击，导致货币政策信贷传导渠道的进一步扭曲。战明华、应诚炜（2015）利用差异交叉模型进行实证检验发现，企业的国有化属性强化了银行信贷渠道的信贷资源错配效应，但在考虑企业国有属性的条件下，紧缩性货币政策对这种错配效应没有显著影响。总的来看，国有经济比重的提高，对货币政策银行信贷渠道的信贷资源错配效应具有显著的强化作用。

现有文献研究了货币政策对信贷资源的影响。Kashyap 等（1996）认为紧缩的货币政策会减少贷款供给。朱博文等（2013）认为紧缩的货币政策导致银行贷款规模下降，并且无论货币政策如何变化，银行都会优先保障大型企业的贷款。紧缩的货币政策降低了银行的总体流动性创造（李明辉等，2014）。宽松货币政策时期，银行放款的竞争压力加大，禀赋特征较好的企业更容易获得贷款（方军雄，2010）。邓路等（2016）认为国有上市公司的超额银行借款显著多于非国有上市公司。货币政策紧缩和金融危机期间，国有和非国有上市公司之间的超额银行借款差异会增大。上述研究主要关注货币政策对信贷资源供给总规模、银行流动性创造的影响，较少关注货币政策对国有企业和民营企业间信贷配置结构差异的影响。邓路等（2016）对国有企业和民营企业之间的信贷配置差异进行了研究，但局限于信贷规模层面，未涉及信贷期限结构、信贷融资成本。本章从信贷配置规模、期限结构和融资成本三个层面，实证检验货币政策对不同产权性质企业间的信贷差异的影响，分析货币政策变动是会显著加大还是缩小国有企业和民营企业间的差异，抑或是没有影响，即货币政策是会减少还是强化我国信贷资源配置在所有制层面的配置规模差异、信贷期限结构差异、信贷融资成本差异。这一研究有利于为我国货币政策有效实施，缓解民营企业融资难题，提升我国信贷资源配置效率提供有效的指引方向。

第一节　货币政策理论与分析

一、货币政策、企业产权性质与信贷资源配置

货币政策是各国政府干预和调节宏观经济最为重要的工具之一（Mishkin，1995）。货币政策通过货币渠道（Money Channel）和信贷渠道（Credit Channel）对经济活动产生影响。货币渠道包括利率途径、汇率途径和资产价格途径等，信贷渠道指货币政策通过影响借款人和银行的资产负债表进而影响企业的信贷配置。货币政策的信贷传导渠道认为货币政策可以通过影响银行部门的贷款供给量，进而影响微观企业的贷款可获得性，最终实现对实体经济的调控。

在我国，由于金融市场的不完善、不同期限结构利率间传导渠道的不畅通，数量式传导途径——信贷渠道的传导速度更快、更直接。当经济过热时，企业的投资冲动强烈，中央银行通过紧缩性货币政策抑制投资；当经济低迷时，中央银行采取扩张性货币政策刺激经济。宽松的货币政策会鼓励银行承担更多的风险（徐明东、陈学彬，2012）。货币政策通过影响企业资产价值、融资成本和风险定价，左右金融机构对风险的感知和容忍度，促进金融机构做出相应的信贷和投资决策，进而影响银行的风险承担做法，即银行的信贷资源配置行为（见图6－1）。因此，银行在信贷渠道中发挥着关键的作用。Bernanke 和 Blonder（1992）发现，货币政策紧缩时，短期内为保证信贷资源供给，银行会销售其持有的有价证券等变现程度较高的资产，但无法有效增加长期的信贷资源供给。Kashyap 和 Stein（1993）同时发现，银行的规模对信贷资源供给存在影响。Bernanke、Gertler 和 Gilchrist（1998）分析认为，信贷市场具有金融加速器的作用，能够把货币政策的冲击放大并传导至整个宏观经济。黄志忠和谢军（2013）认为，宽松的货币政

策时期，企业能够以较低的融资成本获取更多的外部融资；紧缩的货币政策时期，信贷资源总供给量减少，企业的融资成本也相应升高。

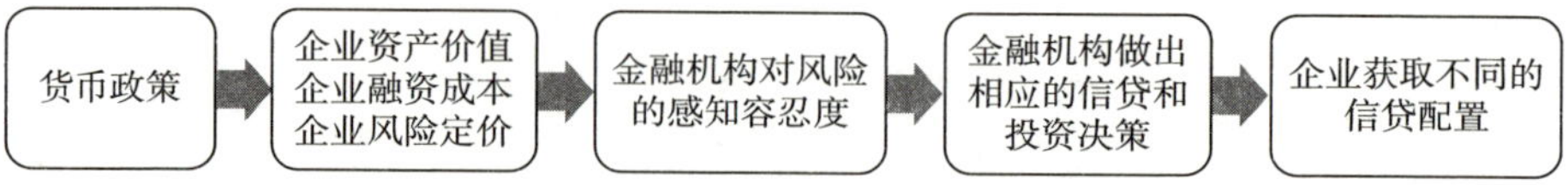

图 6－1　信贷传导渠道

我国不同产权性质的企业获取银行贷款难易程度以及货币政策对企业的影响存在较大差异。Brandt 和 Li（2003）、Ge 和 Qiu（2007）发现，私有产权企业与国有产权企业相比，在信贷配置方面遭受着严重的信贷歧视，必须寻求更好的替代融资途径。程海波等（2005）认为私有产权企业更易受货币政策的影响。曾海舰和苏冬蔚（2010）通过对比研究发现，货币政策对民营产权、规模较小和担保能力弱的企业影响显著。靳庆鲁等（2012）认为紧缩的货币政策下，民营企业获得银行贷款的难度上升；宽松货币政策下，在满足国有企业的融资需求后，民营企业也可以获得相应的信贷融资。李海海和邓柏兵（2014）发现货币政策对企业资本结构的影响存在差异性。王朝才（2016）发现宽松财政政策更容易推动国有企业增加负债。

二、我国货币政策分析

货币政策是国家、地区的政府或中央银行为实现特定的经济目标而采用的各种控制和调节货币供应量和信用量的方针、政策和措施的总称。货币政策的实质是国家对货币的供应量根据不同时期的经济发展情况而采取“紧”“松”或“适度”等政策。一般而言，货币政策执行的路径为“设定银行间市场价格目标—央行通过货币政策工具调整银行间市场基准利率—银行间市场基准利率通过利率期限结构传递到商业银行等金融机构的存贷款利率”。从货币政策的中介目标看，我国的货币政策经历了“数量型”到“价格型”的转型。我国“数量型”的货币政策经历了“关注贷款规模——关注货币总量——二者兼顾”的过程。数量型货币政策的主要传导途径是信贷传导渠道。从货币政策的调控工具看，传统的存款准备金、中央银行再贷款等都是数量型工具，公开市场业务在实际操作上也更多地指向数量型中介目标。近年来，我国央行在借鉴国外主要经济体央行货币政策工具的基础上，陆续推出新型货币政策工具，如公开市场短期流动性调节工具（SLO）、常备借贷便利（SLF）、中期借贷便利（MLF）、抵押补充贷款（PSL）、信贷资产质押再贷款、定向降低存款准备金等，这些工具都是价格型货币政策工具、数量与价格兼顾的政策工具。在本书的考察期间即 2007 ~ 2017 年，我国货币政策仍以数量调控为主，主要通过利率机制和贷款规模管制机制来实现。

我国的利率机制存在特殊性，银行间市场利率和商业银行等金融机构利率的存贷款利率传导不通畅。在货币政策的传导路径中，传导初期的银行间市场价格和传导末端的商业银行等金融机构的存贷款利率是两个最重要的市场利率。银行间市场利率代表信贷资源批发性质的价格，通过计算公开市场一级交易商或外汇市场做市商等报价银行自主报出的人民币同业拆借利率的算数平均利率所得，反映商业银行的真实货币需求和成本。而商业银行等金融机构的存贷款利率则较多地受到中央银行的控制。虽然，随着我国金融市场化改革的推进，存贷款利率分别于 2015 年和 2013 年实现了利率市场化，在波动区间内基本放开。但是根据收集到的各银行官方网站公布的存贷款利率，商业银行对存款利率放开与否并不敏感，仅较基准利率略有上升。另外，虽然利率市场化改革已基本完成，但我国央行仍然公布指导性的存贷款基准利率，我国金融机构准入和金融产品开发仍面临较强的管控，金融机构无法对金融产品进行准确的风险定价并提供足够多元化的金融服务（战明华、李欢，2018）。我国数量型货币政策工具指向银行间市场，商业银行的存贷款利率由于受到隐形管制，也逆向指向了银行间市场。在双重挤压下，银行间市场利率无法反映交易者真实的交易动机，也无法反映真实的价格信号（罗瑜，2012）。

我国货币政策的贷款规模管制也存在特殊性。1998 年我国货币政策从直接调控走向间接调控，明确废止了贷款规模管制。但是由于国际金融危机的影响，为有效控制2008年和2009年四万亿投资导致的信贷超常规增长，我国货币政策再次采取了贷款规模管控的方式，再次恢复贷款规模管制并以窗口指导的名义实施，使用合意贷款规模指标。在合意贷款规模的控制下，商业银行表内贷款更加成为了社会稀缺资源。目前，我国信贷规模管控名目繁多，其中最重要的是中央银行的MPA（宏观审慎评估体系）考核。MPA专设“信贷政策执行”考核，主要考评商业银行等金融机构对小微企业、涉农信贷、区域信贷等信贷政策要求的执行情况，以及央行结构性资金投放（如涉农再贷款、中小企业贷款等）的运用情况。商业银行的监督管理机构也为银行信贷投放设定目标并进行考核，包括鼓励性目标和限制性目标①。

回顾我国货币政策实施的历程，1997年亚洲金融危机以来，我国长期采取较为宽松的货币政策。从广义货币供应量（M2）看，1998～2001年货币增速从14.9%上升到15.04%，货币政策实施的效果是经济增长率在1998年为7.83%，到2001年实现小幅上涨并达到8.3%。2002～2006年，我国采取扩张的货币政策，货币增速从13.14%大幅上涨至22.12%，货币政策的扩张有效刺激了经济的增长，经济增速从9.08%上升至12.68%。为抑制我国投资的过快增长势头，2006年中国人民银行三次上调存款准备金率，2007年货币增速大幅下降至16.74%。伴随着2008年国际金融危机的到来，为有效应对金融危机对经济的负面冲击，我国实施了四万亿财政刺激计划，资金主要通过银行信贷的方式进行投放。因此，2009年和2010年我国信贷投放大幅扩张，货币增速在2009年高达27.58%。2010年之后，我国货币供应量增速虽然逐年略微下降，但增速绝对值仍然较高，2016年为11.33%，2017年为9.04%。虽然自2011年起，货币政策的实施尺度转为稳健，但正如徐忠（2017）所言，“从过去几年的经验看，受经济下行压力较大，金融市场出现较大波动等多种原因影响，部分时段的货币政策

① 鼓励性目标包括每年小微企业“三个不低于”（贷款增速不低于各项贷款平均增速、贷款户数不低于上年同期、申贷获得率不低于上年同期），涉农贷款“两个不低于”（总量不低于上年、增速不低于各项贷款平均增速）等。限制性目标包括对不同城市不同类型居民“因城施策”的差别化住房信贷政策、对地方政府融资平台及特殊目的公司的贷款限制等。

在实施上可能是稳健略偏宽松的”。从数据上看，2017 年末货币供应量 M2 接近 170 万亿人民币，2018 年 10 月末更是达到 180 万亿人民币，而同期美国的 M2 分别为 10.83 万亿美元和 11.17 万亿美元。以中国人民银行公布的 2017 年 12 月和 2018 年 10 月的平均汇率 6.5942 和 6.9246 进行换算，2017 年年末和 2018 年 10 月美国的 M2 供应量分别为 71.42 万亿人民币和 77.35 万亿人民币。2017 年中国的 M2 达到美国 M2 的 2.38 倍，而 2017 年我国 GDP 为 82.71 万亿人民币，美国为 19.39 万亿美元（约为 127.86 万亿人民币），说明不论是从 M2 自身的增速来看，还是与美国的对比来看，我国的货币政策都比较宽松。根据中国人民银行公布的数据，截至 2018 年 10 月，一方面我国社会融资规模达到 197.89 万亿人民币，增速达到 10.2%，另一方面货币环境整体较为宽松。人们很容易认为金融危机后宽松的财政货币政策推动了社会融资规模尤其是信贷资源规模的上涨。反过来就是，信贷资源配置规模及其效率自然与货币政策强烈相关。

第二节 模型设定、变量选取与实证方法

一、模型设定

参考廉永辉和张琳（2015）的研究，本章通过构建货币政策与企业产权性质的交互项研究货币政策对信贷资源在国有企业和民营企业间配置差异的影响。在第五章信贷资源配置所有制差异模型的基础上，引入货币政策变量 MP_{it} 与企业产权性质变量 $Property_{it}$ 的交互项，实证模型为：

$$Credit_{it} = \alpha_0 + \gamma\, Property_{it} + \lambda\, MP_{it} + \psi\, Property_{it} \times MP_{it} + \alpha_1 X1_{it} + \alpha_2 X2_{it} + \alpha_3 X3_{it} + \beta_1 GDP_{it} + \beta_2 Area_{it} + \mu_i + \varepsilon_{it}$$

其中，MP_{it} 表示货币政策变量，其余变量与第五章回归模型相同。ψ 为本章

重点关注的变量系数，表示货币政策对信贷资源配置所有制差异的影响。如果 γ 不显著，表明企业产权性质与信贷资源配置不相关。如果 γ 显著为正/负，表明企业产权性质与信贷资源配置变量显著正/负相关，此时：①如果 φ 显著，且符号与为 γ 相同，表明宽松的货币政策（货币政策值越大，表示货币政策越宽松时）会使得企业产权性质与信贷资源配置变量的显著正相关关系得到强化；②如果 φ 显著，且符号与 γ 相反，表明宽松的货币政策（货币政策值越大，表示货币政策越宽松时）会削弱企业产权性质与信贷资源配置变量的显著正相关关系；③如果 φ 不显著，则表明宽松或紧缩的货币政策对企业产权和信贷资源配置变量的关系无影响。以信贷资源配置规模为例进行说明，当 γ 显著为正，φ 显著为正，表明企业产权性质与信贷资源配置规模变量显著正相关，即相较民营企业，国有企业能够获得更多的信贷资源配置规模，在所有制层面存在“配置规模差异”；货币政策越宽松，越强化了企业产权性质与信贷配置规模的正相关关系，即宽松的货币政策使得信贷资源配置规模层面的所有制差异加剧。其他信贷资源配置变量的相应说明与此类似。

二、变量选取

1. 被解释变量：信贷资源配置变量

根据第五章的实证结果，我国的信贷资源在国有企业和民营企业间配置时存在所有制差异，体现在三个方面：配置规模差异、信贷期限结构差异、信贷融资成本差异，即相较民营企业，国有企业更够获得更大的信贷资源配置规模、更长的信贷期限，并且获取信贷配置的融资成本显著更低。本章的被解释变量与第五章相同，仍为信贷资源配置的规模（总借款规模、长期负债比率）、信贷期限结构、信贷融资成本（实际利息率）。

2. 核心解释变量：货币政策变量与企业产权性质交互项

本章核心解释变量为货币政策变量与企业产权性质的交互项。关于货币政策变量的选取，王宇伟等（2018）使用上市公司的财务数据对宏观政策、金融资源配置与企业部门高杠杆率之间的关系进行了实证检验，该文章将宏观政策区分为财政政策和货币政策，以上市公司所在省份的年财政支出增速表示财政政策，以上市公司所在省份的年信贷增速表示货币政策。本书的数据样本结构、指标等与王宇伟等（2018）相似。故参照其对货币政策指标的刻画，用上市公司所在省份的年信贷增速表示货币政策，数据来源于 Wind 数据库。年信贷增速越大，表明该省份货币政策越宽松；年信贷增速越小，表明该省份货币政策越紧缩。

3. 控制变量

本章模型是在第五章信贷资源配置所有制差异实证模型的基础上，引入货币政策与企业产权性质的交互项，实证检验货币政策对信贷资源配置所有制差异的影响。因此，除增加核心解释变量外，为控制其他因素对实证结果的影响，以及便于与第五章的实证结果进行比较分析，本章模型中的控制变量与第五章相同，选取企业的微观企业特征（企业规模和资产构成、企业财务报表反映的财务比率指标、企业其他变量）和地区宏观变量作为控制变量。变量的相应解释不再赘述。

三、实证方法

为保持实证方法的一致性和结论的可比性，本章选取的实证方法和实证分析层次与第五章相同。由于在考察期内，绝大多数企业的产权性质并未发生改变，企业产权性质可以视为一个不随时间改变的变量。货币政策为外生变量，不受单个企业信贷资源配置规模、期限结构和融资成本的影响。但企业微观层面特征与信贷配置存在双向因果关系，且模型存在遗漏其他影响信贷配置变量的问题，因此存在内生性问题。本章仍采用面板数据豪斯曼－泰勒估计量进行估计，使用工具变量和二阶段最小二乘法。

实证分析的层次与第五章相同，采用两个分析层次。除核心解释变量货币政策与企业产权性质的交互项外，实证层次1引入企业微观层面特征变量，包括企业规模和资产构成（X1）、企业财务报表反映的财务比率指标（X2）、企业年龄和行业特征（X3）；实证层次2则在此基础上进一步控制地区宏观经济变量因素。

第三节　描述性统计和相关性分析

一、变量的描述性统计

图6－2是2007～2017年我国的货币政策趋势图。货币政策（MP）是通过上市公司所在省份的年信贷增速表示的，增速大表示货币政策趋于宽松，增速小则表示货币政策趋于紧缩。2007～2008年，我国各省份信贷增速从16.37%下降为14.40%，表示采取了紧缩的货币政策。这一货币政策状态与第3章使用广义货币供应量（M2）分析时的结论是一致的。2007年，M2增速出现较大幅度下降，从2006年的22.12%骤降至2007年的16.74%，国际金融危机和紧缩的货币政策使得我国2008年经济增速下降为9.63%，经济下滑风险加大。2007年中国货币政策执行报告显示，“2007年，针对银行体系流动性偏多、货币信贷扩张压力较大、价格涨幅上升的形势，货币政策逐步从‘稳健’转为‘从紧’”。2008～2009年，由于受金融危机影响，我国实行了四万亿财政刺激计划，资金主要通过银行信贷的形式进行发放，导致2009年信贷增速激增，进入9月以后，央行5次下调存贷款基准利率，4次下调存款准备金率，因此信贷增速由14.40%急剧增加至33.41%。2009年，我国M2增速大幅上升至28.42%，经济增长在短期内迅速回暖，但其后出现了较大的通胀压力，2011年居民消费价格指数（CPI）达到5.4%。2010年之后，面对极其复杂的国内外形势，我国央行注重根据形势

变化把握调控的节奏、力度和工具组合，保持货币政策的审慎和稳健，适时适度前瞻性地、以调结构的方式进行预调微调，货币政策曲线在适度的范围内进行波动，总体审慎稳健。2017 年，我国信贷增速为 11.62%，信贷增速相对适中。

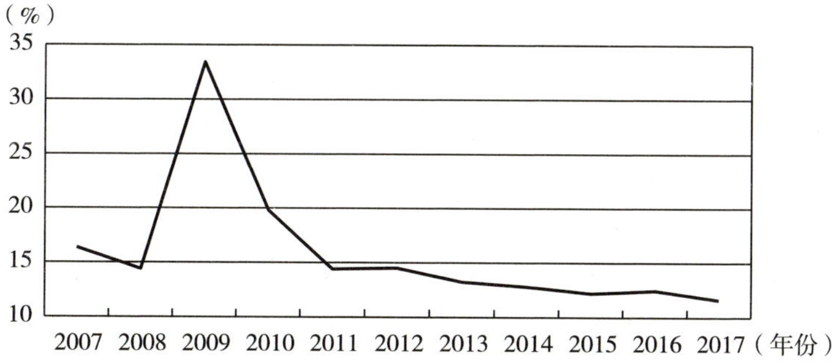

图 6-2　2007～2017 年我国货币政策趋势

数据来源：Wind 数据库。

信贷资源配置变量、企业微观层面变量、地区宏观层面变量的描述性统计在第 5 章已经进行详细分析，不再赘述。

二、变量的相关性分析

表 6-1 是变量的相关系数矩阵表。可以看出，企业产权性质与总借款对数、长期负债比率、信贷期限结构显著正相关，与信贷融资成本呈显著负相关。货币政策和企业产权性质的交互项（Property MP）与信贷资源配置规模、信贷期限结构变量均显著正相关，与信贷融资成本呈显著负相关，其含义须结合企业产权性质的系数进行说明。

企业产权性质与 PropertyMP 呈显著正相关，相关系数为 0.865，且在 1% 的水平上显著。为避免回归过程出现多重共线性，对货币政策与企业产权性质的交互项进行去中心化处理，将货币政策减去其均值，再与企业产权性质交乘。去中心化处理不会改变变量的相关关系与显著性，同时可以有效处理引入交互项导致的多重共线性问题。相关性系数矩阵并未控制企业微观层面因素和地区宏观层面因素，因此尚不能据此推断货币政策对信贷资源配置所有制差异的影响。

表 6-1 相关系数矩阵

	总借款对数	长期负债比率	信贷期限结构	融资成本	企业产权性质	MP	PropertyMP
总借款对数	1						
长期负债比率	0.512***	1					
信贷期限结构	0.283***	0.717***	1				
融资成本	0.070***	0.043***	-0.031***	1			
企业产权性质	0.265***	0.245***	0.190***	-0.086***	1		
MP	-0.023***	0.101***	0.037***	0.231***	0.120***	1	
PropertyMP	0.203***	0.243***	0.168***	-0.035***	0.865***	0.471***	1

注：MP 是通过上市公司所在省份的年信贷增速表示的货币政策，PropertyMP 是货币政策与企业产权性质的交互项。*** 代表在 1% 的水平上显著。

第四节　实证结果分析

一、货币政策、企业产权性质与信贷资源配置规模

1. 货币政策、企业产权性质与总借款规模

表 6-2 是货币政策、企业产权性质与总借款规模的实证回归结果。实证层次 1 引入企业微观层面控制变量，实证层次 2 进一步引入地区宏观经济变量，实证层次 1 和 2 分别对总样本、国有企业组、民营企业组进行回归估计。其中，第（1）列、第（4）列为总样本估计结果，包含货币政策与企业产权性质的交互项，使用豪斯曼 - 泰勒估计量进行估计；第（2）（3）（5）（6）列为分组实证

结果，采用固定效应模型进行回归估计。实证结果表明：①在总样本回归中，企业产权性质与总借款规模显著正相关，第（1）（4）列系数分别为0.295、0.282，在1%的水平上显著，表明相比民营企业，国有企业能够获得更大的信贷资源配置总规模，这支持了信贷资源在所有制层面存在“配置规模差异”的结论。②本章重点关注的货币政策与企业产权交互项的系数显著为正，系数为0.006，在1%的水平上显著，表明地区信贷增速越高，货币政策越宽松，信贷资源在国有企业和民营企业间的配置差异越大，宽松的货币政策会加大不同产权企业间的“配置规模差异”；反之，地区信贷增速越低，货币政策越紧缩，信贷资源在国有企业和民营企业间的配置差异越小，紧缩的货币政策使得不同产权企业间的“配置规模差异”缩小。该结果与本书的假设相同，宽松的货币政策会强化信贷资源配置在所有制层面的“配置规模差异”，紧缩的货币政策则使这一差距缩小。因为宽松的货币政策会加大规模大、盈利好、拥有大量资金银行的放款压力（方军雄，2010），银行加强对优质客户的争夺，因此禀赋特征较好的企业在货币宽松时更容易得到贷款。而禀赋特征较好的企业，即资产规模大、盈利能力强的企业多为国有企业，国有企业和民营企业信贷资源配置规模的差异因此加大。战明华和应诚炜（2015）也认为，企业的国有化属性强化了银行信贷渠道的信贷资源错配效应，但其认为紧缩性货币政策对这种错配效应没有显著影响。③从分组回归结果来看，货币政策对民营企业和国有企业的总借款规模均产生正向影响，系数分别为0.008和0.010，在1%的水平上显著，宽松的货币政策会使国有企业和民营企业的总借款规模增速上升。靳庆鲁等（2012）认为宽松的货币政策使银行在满足了国有企业的信贷需求后有相对充裕的剩余信贷资源可以提供给民营企业，因此二者的信贷资源规模都会上升。而曾海舰和苏冬蔚（2010）则认可紧缩货币政策对民营企业的影响，认为紧缩货币政策对国有企业影响不明显。本书认为，紧缩性的货币政策会限制银行的可贷资金，也会显著影响国有企业获得的银行信贷资源规模。但是，为实现稳定就业与保障经济持续增长，政府有较强的动机对国有企业提供保护，国有企业因信贷配置较多地受到政府干预的影响，从而获得了相应的信贷配置。而模型设置未将货币政策与政府干预的影响

表6-2 货币政策、企业产权性质与总借款规模

变量	实证层次1			实证层次2		
	(1)	(2)	(3)	(4)	(5)	(6)
	总样本	国有企业	民营企业	总样本	国有企业	民营企业
企业产权性质	0.295*** (0.046)			0.282*** (0.046)		
货币政策×企业产权性质	0.006*** (0.002)			0.006*** (0.002)		
货币政策	0.006*** (0.002)	0.010*** (0.002)	0.008*** (0.002)	0.005*** (0.002)	0.010*** (0.002)	0.008*** (0.002)
清算价值比率	-0.555*** (0.088)	-0.314 (0.224)	-1.176*** (0.283)	-0.555*** (0.088)	-0.314 (0.224)	-1.170*** (0.284)
流动比率	-0.343*** (0.006)	-0.439*** (0.039)	-0.314*** (0.018)	-0.342*** (0.006)	-0.439*** (0.039)	-0.314*** (0.018)
总资产报酬率	-0.001 (0.002)	-0.008** (0.004)	0.003 (0.004)	-0.001 (0.002)	-0.008** (0.004)	0.003 (0.004)
资产周转率	-0.518*** (0.035)	-0.519*** (0.099)	-0.557*** (0.101)	-0.522*** (0.035)	-0.522*** (0.100)	-0.557*** (0.101)
托宾Q	-0.171*** (0.006)	-0.208*** (0.018)	-0.145*** (0.011)	-0.171*** (0.006)	-0.208*** (0.018)	-0.145*** (0.011)
主营业务增长率	0.079*** (0.007)	0.118*** (0.015)	0.062*** (0.011)	0.074*** (0.007)	0.113*** (0.016)	0.058*** (0.011)
企业年龄	0.111*** (0.003)	0.088*** (0.007)	0.141*** (0.008)	0.122*** (0.004)	0.095*** (0.008)	0.151*** (0.010)
经济增速				0.018*** (0.005)	0.010 (0.009)	0.017 (0.011)
常数项	9.623*** (0.142)	11.19*** (0.185)	9.380*** (0.196)	9.283*** (0.168)	10.99*** (0.246)	9.071*** (0.284)
R^2	—	0.242	0.335	—	0.242	0.335
观测值	18823	8997	9826	18823	8997	9826
行业效应	控制	控制	控制	控制	控制	控制

注：括号中为稳健标准误，*、**、***分别代表10%、5%和1%的显著性水平。被解释变量为总借款规模的对数。地区效应不显著，在模型中进行了剔除。货币政策为年份变量，故不再控制年度效应。

进行区分，导致实证结果表现为紧缩期国有企业受到的影响不显著。本书认为宽松的货币政策会使国有企业和民营企业的借款总规模增速上升，而紧缩的货币政策则会使二者的借款总规模增速下降。

控制变量中，企业微观层面因素和地区宏观层面因素对信贷资源配置差异影响的方向和显著性与第五章中的基础回归相比，均未改变。企业清算价值比率、流动比率、资产周转率对企业信贷资源配置规模产生显著负向影响，系数分别为 -0.555、-0.342、-0.522，在1%的水平上显著；企业主营业务增长率、企业年龄、经济增速对企业信贷资源配置产生显著正向影响，系数分别为 0.074、0.122、0.018，在1%的水平上显著。这些数据表明企业固定资产比重越高，企业抵押价值越大、短期偿债能力越强，资产使用效率越高，企业获得的信贷资源配置规模越低；企业成立年限越长，成长性越好，企业获得的信贷资源配置规模越高；地区经济增速提高可以有效提高企业的信贷资源配置规模。

2. 货币政策、企业产权性质与企业长期负债比率

表6-3是货币政策、企业产权性质与企业长期负债比率的实证回归结果。实证层次1和实证层次2与表6-2相同，分别为引入企业微观层面变量和地区宏观层面变量进行的实证研究。总样本中包含企业产权性质变量、货币政策与企业产权性质交互项，因此使用豪斯曼-泰勒估计量进行检验，分组样本中国有企业组别和民营企业组别分别采用固定效应模型。实证结果表明：①在总样本回归中，企业产权性质与长期负债比率显著正相关，第（1）、第（4）列系数分别为 0.006、0.005，在1%的水平上显著，表明相比民营企业，国有企业获得的长期借款占总资产的比重更高，即单位资产获得的长期借款更多，长期借款规模相对更大，这支持了信贷资源在国有企业和民营企业间存在“配置规模差异”的结论。②重点关注的货币政策与企业产权交互项的系数显著为正，系数为 0.0006，在1%的水平上显著，表明货币政策越宽松，国有企业和民营企业单位资产获得的长期借款差异越大，宽松的货币政策会强化不同产权企业间的“配置规模差异”；反之，货币政策越紧缩，国有企业和民营企业单位资产获得的长期借款差

表 6-3 货币政策、企业产权性质与长期负债比率

变量	实证层次 1			实证层次 2		
	(1)	(2)	(3)	(4)	(5)	(6)
	总样本	国有企业	民营企业	总样本	国有企业	民营企业
企业性质	0.006 *** (0.002)			0.005 *** (0.002)		
货币政策×企业产权性质	0.0006 *** (0.0001)			0.0006 *** (0.0001)		
货币政策	0.0001 (0.00008)	0.0005 *** (0.0001)	0.0003 *** (0.0001)	0.0001 (0.00008)	0.0005 *** (0.0001)	0.0003 *** (0.0001)
清算价值比率	0.039 *** (0.004)	0.071 *** (0.018)	0.014 (0.009)	0.038 *** (0.004)	0.071 *** (0.018)	0.015 (0.009)
流动比率	0.003 *** (0.0002)	0.014 *** (0.002)	0.002 *** (0.0003)	0.003 *** (0.0002)	0.013 *** (0.002)	0.002 *** (0.0003)
资产负债率	0.002 *** (0.00003)	0.003 *** (0.0002)	0.001 *** (0.00008)	0.002 *** (0.00003)	0.003 *** (0.0002)	0.001 *** (0.00008)
总资产报酬率	0.0004 *** (0.00007)	0.0005 ** (0.0002)	0.0003 ** (0.0001)	0.0004 *** (0.00007)	0.0005 ** (0.0002)	0.0003 ** (0.0001)
资产周转率	-0.036 *** (0.002)	-0.040 *** (0.005)	-0.029 *** (0.003)	-0.036 *** (0.002)	-0.041 *** (0.005)	-0.029 *** (0.003)
托宾 Q	-0.001 *** (0.0002)	-0.003 *** (0.0007)	-0.0009 *** (0.0002)	-0.001 *** (0.0002)	-0.003 *** (0.0007)	-0.0009 *** (0.0002)
主营业务增长率	0.0003 (0.0003)	-0.001 * (0.0008)	0.001 *** (0.0004)	0.0001 (0.0003)	-0.002 ** (0.0009)	0.001 *** (0.0004)
企业年龄	-0.0002 (0.0001)	-0.001 *** (0.0004)	0.0007 ** (0.0003)	0.0002 (0.0002)	-0.0005 (0.0005)	0.001 ** (0.0004)
经济增速				0.0007 *** (0.0002)	0.001 ** (0.0006)	0.0004 (0.0004)
常数项	-0.031 *** (0.005)	-0.053 *** (0.015)	-0.043 *** (0.008)	-0.043 *** (0.006)	-0.080 *** (0.018)	-0.050 *** (0.011)
R^2	—	0.179	0.153	—	0.181	0.153
观测值	22436	10032	12404	22436	10032	12404
行业效应	控制	控制	控制	控制	控制	控制

注：括号中为稳健标准误，*、**、*** 分别代表 10%、5% 和 1% 的显著性水平。地区效应不显著，在模型中进行了剔除。货币政策为年份变量，故不再控制年度效应。

异越小，紧缩的货币政策使得不同产权企业间的“配置规模差异”缩小。与表6－2的实证结果相同，表6－3的结果支持了宽松的货币政策会加大信贷资源配置在所有制层面的“配置规模差异”，紧缩的货币政策则使这一差异缩小的结论。③分组检验中，货币政策对国有企业和民营企业的长期负债比率均产生正向影响，系数分别为0.0005和0.0003，在1%的水平上显著，表明宽松货币政策能使国有企业和民营企业单位资产获得的长期借款都上升。二者系数的不同也支持了宽松货币政策会强化信贷资源在不同产权企业间“配置规模差异”的结论，宽松的货币政策使得国有企业长期负债比率上升的程度高于民营企业，因此，国有企业和民营企业长期负债比率的差异进一步拉大。

控制变量方面，以第（4）列控制企业微观特征和地区宏观经济变量的估计结果为例进行解释。与第五章表5－10的基础回归进行对比发现，引入货币政策变量后，控制变量对企业长期负债比率影响的方向和显著性没有发生改变。企业清算价值比率、流动比率、资产负债率、总资产报酬率仍与长期负债比率显著正相关，系数分别为0.038、0.003、0.002、0.0004，在1%的水平上显著，表明企业固定资产比率和可抵押价值越高，变现能力越强，负债水平越高，企业单位资产获得的长期借款越多。企业资产周转率和托宾Q与长期负债比率显著负相关，系数分别为－0.036、－0.001，在1%的水平上显著，表明企业资产使用效率越高，成长性越好，单位资产获得的长期借款越高。地区经济增述与企业长期负债比率显著正相关表明地区宏观经济增速的提高可以有效提高企业的长期负债比率。

综上所述，引入货币政策变量后，国有企业和民营企业的信贷资源配置规模仍然存在显著差异，这支持了信贷资源在所有制层面存在“配置规模差异”的结论；地区的信贷增速越高，货币政策越宽松，国有企业和民营企业的信贷资源配置规模差异越大，即宽松的货币政策会加大二者之间的“配置规模差异”，紧缩的货币政策则能使这一差异缩小。这一结论与战明华和应诚炜（2015）关于企业的国有化属性强化了银行信贷渠道的信贷资源错配效应的结论一致，可以理解为同一问题不同角度的阐释。但两人还认为紧缩性货币政策对错配效应没有显著影响，本书认为紧缩性的货币政策会限制银行的可贷资金，也会显著影响国有企业获得的银行信贷资源规模。政府为实现稳定就业与保障经济持续增长，有较强的动机对国有企业提供保护，因此国有企业的信贷配置较多地受到政府干预，并获得了相应的信贷配置。而模型设置未将货币政策与政府干预的影响进行区分，导致实证结果表现为货币紧缩期国有企业受到的影响不显著。

二、货币政策、企业产权性质与信贷配置期限结构

表6－4是货币政策、企业产权性质与信贷配置期限结构的实证回归结果。实证层次1和实证层次2与表6－2相同，分别为引入企业微观层面变量和地区宏观层面变量进行分析的实证研究。总样本采用豪斯曼－泰勒估计量进行估计，分组样本采用固定效应模型。实证结果表明：①在总样本回归中，企业产权性质与信贷期限结构显著正相关，第（1）、第（4）列系数分别为0.024、0.022，在1%的水平上显著，表明相比民营企业，国有企业获得的总借款中，长期借款所占的比重显著更高，这支持了信贷资源在国有企业和民营企业间存在“信贷期限结构差异”的结论。②重点关注的货币政策与企业产权交互项的系数显著为正，系数为0.001，在5%的水平上显著，表明货币政策越宽松，国有企业和民营企业长期借款占总借款的比重差异越大，宽松的货币政策会强化不同产权企业间的“信贷期限结构差异”；反之，货币政策越紧缩，国有企业和民营企业长期借款占总借款的比重差异越小，紧缩的货币政策能使不同产权企业间的“信贷期限结构差异”缩小。③分组检验中，货币政策对国有企业的信贷期限结构存在显著正向影响，系数为0.002，在1%的水平上显著；而货币政策对民营企业信贷期限结构的影响并不显著，分组检验的结果支持了宽松货币政策会强化信贷资源所有制“信贷期限结构差异”的结论，即宽松的货币政策可以显著提升国有企业长期借款在总借款中的比重，而民营企业则不会受到显著影响，这使得国有企业和民营企业间长期借款占总借款比重的差异进一步拉大，从而强化了“信贷期限结构差异”。紧缩的货币政策则使得国有企业长期借款占总借款的比重显著下降，从而缩小了国有企业和民营企业的差异。

表 6-4 货币政策、企业产权性质与信贷期限结构

变量	实证层次 1			实证层次 2		
	(1)	(2)	(3)	(4)	(5)	(6)
	总样本	国有企业	民营企业	总样本	国有企业	民营企业
企业产权性质	0.024*** (0.008)			0.022*** (0.008)		
货币政策×企业产权性质	0.001** (0.0005)			0.001** (0.0005)		
货币政策	0.0008* (0.0004)	0.002*** (0.0004)	0.0008* (0.0005)	0.0007* (0.0004)	0.002*** (0.0004)	0.0008 (0.0005)
企业总资产	0.070*** (0.004)	0.082*** (0.012)	0.064*** (0.010)	0.070*** (0.004)	0.082*** (0.012)	0.064*** (0.010)
清算价值比率	0.166*** (0.021)	0.231*** (0.054)	0.127*** (0.045)	0.165*** (0.021)	0.231*** (0.054)	0.128*** (0.045)
流动比率	0.046*** (0.002)	0.097*** (0.011)	0.039*** (0.004)	0.046*** (0.002)	0.097*** (0.011)	0.039*** (0.004)
资产负债率	0.003*** (0.0002)	0.004*** (0.0006)	0.004*** (0.0004)	0.003*** (0.0002)	0.004*** (0.0006)	0.004*** (0.0004)
总资产报酬率	0.002*** (0.0004)	0.002*** (0.0008)	0.002** (0.0007)	0.002*** (0.0004)	0.002*** (0.0008)	0.002** (0.0007)
资产周转率	-0.079*** (0.008)	-0.065*** (0.018)	-0.088*** (0.017)	-0.080*** (0.008)	-0.065*** (0.018)	-0.088*** (0.017)
托宾 Q	0.001 (0.001)	-0.002 (0.004)	0.002 (0.002)	0.001 (0.001)	-0.002 (0.004)	0.002 (0.002)
主营业务增长率	-0.003* (0.002)	-0.008** (0.003)	0.001 (0.002)	-0.004** (0.002)	-0.008** (0.004)	0.0006 (0.002)
企业年龄	-0.001 (0.0009)	-0.005** (0.002)	-5.65e-05 (0.002)	0.0002 (0.001)	-0.004 (0.002)	0.001 (0.003)
经济增速				0.003** (0.001)	0.002 (0.002)	0.002 (0.002)
常数项	-0.918*** (0.0509)	-1.078*** (0.148)	-0.827*** (0.108)	-0.970*** (0.054)	-1.107*** (0.154)	-0.865*** (0.111)
R^2	—	0.102	0.094	—	0.102	0.094
观测值	18810	8997	9813	18810	8997	9813
行业效应	控制	控制	控制	控制	控制	控制

注：括号中为稳健标准误，*、**、*** 分别代表 10%、5% 和 1% 的显著性水平。地区效应不显著，在模型中进行了剔除。货币政策为年份变量，故不再控制年度效应。

控制变量方面，企业微观层面变量和地区宏观变量影响的方向和显著性，与第五章表5-11基础回归结果相比，均未发生改变。企业总资产、清算价值比率、流动比率、资产负债率、总资产报酬率与信贷期限结构显著正相关，系数分别为0.070、0.165、0.046、0.003、0.002，在1%的水平上显著，表明表示企业的资产规模越大，固定资产在总资产中的比重越高，流动比率越高，企业获得的长期贷款越多。企业资产周转率、主营业务增长率与信贷期限结构负相关，表明企业资产使用效率越高，盈利能力越强，长期借款比重越低。经济增速与企业信贷期限结构显著正相关，系数为0.003，在5%的水平上显著，说明宏观经济的增速提高可以显著提升企业长期借款的比率。

综上所述，引入货币政策变量后，企业产权性质与企业信贷期限结构仍然显著正相关，国有企业和民营企业的信贷期限结构仍存在显著差异，这支持了信贷资源配置在所有制层面存在“信贷期限结构差异”的结论；货币政策越宽松，国有企业和民营企业的信贷配置期限结构差异越大，即宽松的货币政策会强化二者之间的“信贷期限结构差异”，紧缩的货币政策则能使这一差异缩小。本文的实证分析认为，宽松货币政策强化国有企业和民营企业间“信贷期限结构差异”的主要原因在于宽松的货币政策会使国有企业长期借款占总借款的比重显著上升，而民营企业则不受影响，因此二者的差距会进一步拉大。

三、货币政策、企业产权性质与信贷融资成本

表6-5是货币政策、企业产权性质与信贷融资成本的实证回归结果。实证层次1和实证层次2与表6-2相同，分别为引入企业微观层面变量和地区宏观层面变量进行分析的实证研究。总样本采用豪斯曼-泰勒估计量进行估计，分组样本采用固定效应模型。实证结果表明：①在总样本回归中，企业产权性质与信贷融资成本呈显著负相关，第（1）、（4）列系数分别为-0.008、-0.006，在1%的水平上显著，表明相比国有企业，民营企业获取信贷资源配置的融资成本显著更高，这支持了信贷资源配置在国有企业和民营企业间存在“融资成本差

异”的结论。②重点关注的货币政策与企业产权交互项的系数显著为负，系数为 -0.002，在1%的水平上显著，表明货币政策越宽松，民营企业和国有企业获取信贷资源的实际利息率差异越大，宽松的货币政策会强化不同产权企业间的“融资成本差异”；反之，货币政策越紧缩，民营企业和国有企业获取信贷资源的实际利息率差异越小，紧缩的货币政策会缩小不同产权企业间的“融资成本差异”。③分组检验中，货币政策对国有企业和民营企业的信贷融资成本存在显著正向影响，系数分别为0.0004和0.002，在1%的水平上显著。这表明宽松的货币政策使得民营企业的实际利息率大大高于国有企业，进而扩大了民营企业和国有企业间的融资成本差异。凯恩斯货币政策理论认为，宽松的货币政策会降低利率水平。而本书的实证结果却表明宽松货币政策会使企业的实际利息率上升，原因在于本书使用的实际利息率指标的计算公式为利息支出/总负债，总负债中除涵盖银行贷款外，还包括应付账款、应付票据、预收账款、合同负债、应付手续费及佣金、应付职工薪酬、应交税费、其他应付款、长期应付款等科目。银行信贷规模的增加使得利息支出相应增加，即分子项增加，但分母中只有银行贷款增加，其他科目变动较小，因此宽松货币政策使得企业信贷规模增加后，利息支出除以总负债得出的实际利息率也随之上升。宽松货币政策导致民营企业实际利息率高于国有企业，民营企业和国有企业的融资成本差异进一步加大，信贷融资成本差异得到强化。

控制变量方面，企业的总资产规模与信贷融资成本呈显著负相关，系数为 -0.003，在1%的水平上显著，表明企业资产规模越大，企业的融资成本越低。此外，企业的清算价值比率、流动比率、资产负债率与信贷融资成本显著正相关，企业固定资产比重越高，流动比率越高，长期贷款越多，融资成本也越高，这再次表明我国信贷资源配置中存在严重的错配现象，信贷资源配置效率低下。

综上所述，引入货币政策变量后，企业产权性质与企业信贷融资成本仍然显著负相关，民营企业和国有企业的信贷融资成本仍存在显著差异，这支持了信贷资源配置在所有制层面存在“融资成本差异”的结论；货币政策越宽松，民营

表 6-5　货币政策、企业产权性质与信贷融资成本

变量	实证层次 1			实证层次 2		
	(1)	(2)	(3)	(4)	(5)	(6)
	总样本	国有企业	民营企业	总样本	国有企业	民营企业
企业产权性质	-0.008*** (0.0009)			-0.006*** (0.001)		
货币政策×企业产权性质	-0.002*** (0.00007)			-0.002*** (0.00007)		
货币政策	0.002*** (0.00006)	0.0003*** (0.00004)	0.002*** (0.0002)	0.002*** (0.00006)	0.0004*** (0.00004)	0.002*** (0.0002)
企业总资产	-0.003*** (0.0006)	-0.003*** (0.0008)	0.001 (0.002)	-0.003*** (0.0006)	-0.003*** (0.0008)	0.002 (0.002)
清算价值比率	0.038*** (0.003)	0.030*** (0.003)	0.043*** (0.008)	0.039*** (0.003)	0.031*** (0.003)	0.041*** (0.008)
流动比率	0.003*** (0.0001)	0.0007* (0.0004)	0.003*** (0.0004)	0.003*** (0.0001)	0.0008* (0.0004)	0.003*** (0.0004)
资产负债率	0.0002*** (0.00002)	0.0001*** (0.00003)	0.0002*** (0.00006)	0.0002*** (0.00002)	0.0001*** (0.00003)	0.0002*** (0.00006)
总资产报酬率	-0.0001** (0.00005)	-0.00003 (0.0001)	-0.0003** (0.0001)	-0.0001** (0.00005)	-0.00002 (0.00006)	-0.0003** (0.0001)
资产周转率	0.002 (0.001)	-0.0009 (0.001)	0.006* (0.003)	0.002* (0.001)	-0.0005 (0.001)	0.006* (0.003)
托宾 Q	-0.0006*** (0.0002)	-0.001*** (0.0003)	0.00003 (0.0003)	-0.0007*** (0.0002)	-0.001*** (0.0003)	0.0001 (0.0003)
主营业务增长率	-0.00008 (0.0002)	0.0008*** (0.0003)	-0.0008** (0.0004)	0.0004 (0.0002)	0.001*** (0.0003)	-0.00005 (0.0004)
企业年龄	-0.002*** (0.0001)	-0.001*** (0.0001)	-0.003*** (0.0004)	-0.003*** (0.0001)	-0.002*** (0.0002)	-0.006*** (0.0005)
经济增速				-0.002*** (0.0001)	-0.001*** (0.0002)	-0.004*** (0.0004)
常数项	0.037*** (0.007)	0.067*** (0.009)	0.014 (0.016)	0.068*** (0.007)	0.088*** (0.009)	0.085*** (0.018)
R^2	—	0.155	0.173	—	0.168	0.186
观测值	22436	10032	12404	22436	10032	12404
行业效应	控制	控制	控制	控制	控制	控制

注：括号中为稳健标准误，*、**、*** 分别代表 10%、5% 和 1% 的显著性水平。地区效应不显著，在模型中进行了剔除。货币政策为年份变量，故不再控制年度效应。

企业和国有企业的信贷融资成本差异越大，即宽松的货币政策会强化二者之间的“融资成本差异”，紧缩的货币政策则会使这一差异缩小。

第五节　稳健性检验

为了检验结论的稳健性，本文采用与第5章相同的稳健性检验方法，对估计结果进行稳健性检验。首先，根据银行信贷理论与实务，银行的信贷决策依据不仅包括企业当期的财务数据和经营表现，也包含前期历史经营业绩数据。本章在使用工具变量最小二乘法的豪斯曼－泰勒估计量检验中加入企业微观层面滞后二期变量对实证结果重新进行验证。

其次，为了应对2008年国际金融危机，我国央行采取了“四万亿刺激计划”，一年内多次下调存款准备金率等应对性的货币政策。因此为避免特殊年份货币政策及其滞后效应的影响，本文将2009年、2010年的数据剔除后重新进行估计。

表6－6是加入企业微观层面滞后二期变量的稳健性检验结果，实证结果表明：①企业产权性质与总借款规模、长期负债比率呈显著正相关，系数分别为0.171、0.007，在1%的水平上显著，表明信贷资源在国有企业和民营企业间的配置规模存在显著差异，这支持了信贷资源在所有制层面存在“配置规模差异”的结论；第（1）列和第（2）列货币政策和企业产权性质交互项的系数显著为正，表明宽松的货币政策使得民营企业和国有企业的总借款规模、单位资产获得的长期借款差异进一步拉大，宽松货币政策会强化所有制层面的“配置规模差异”。②企业产权性质与信贷期限结构显著正相关，系数为0.039，在1%的水平上显著，表明国有企业和民营企业的总借款中，长期借款的比率存在显著差异，这支持了信贷资源在所有制层面存在“信贷期限结构差异”的结论；第（3）列货币政策与企业产权性质交互项的系数显著为正，表明宽松的货币政策使得民营

企业和国有企业的信贷期限结构差异加大，宽松货币政策会强化所有制层面的“信贷期限结构差异”。③企业产权性质与信贷融资成本显著负相关，系数为-0.007，在1%的水平上显著，表明民营企业获取信贷资源的实际利息率显著高于国有企业，这支持了信贷资源在所有制层面存在“融资成本差异”的结论；第（4）列中货币政策与企业产业产权性质交互项的系数显著为负，表明宽松的货币政策使得民营企业和国有企业的融资成本差异进一步拉大，宽松货币政策会强化所有制层面的“融资成本差异”。稳健性检验的结果支持了实证结论的稳健性。控制变量方面，企业微观层面二期滞后变量对信贷资源配置的影响是显著的，这证明了引入滞后变量和银行信贷实务工作依据企业连续三年财务报表进行信贷决策的合理性。

表6-7是使用剔除2009年、2010年金融危机期间数据进行的稳健性检验，使用豪斯曼-泰勒估计量进行检验，第（1）至（4）列被解释变量依次为总借款规模、长期负债比率、信贷期限结构、信贷融资成本。实证结果表明：①企业产权性质与总借款规模、长期负债比率呈显著正相关，系数分别为0.284、0.007，在1%的水平上显著，表明国有企业和民营企业的总借款规模、单位资产获得的长期借款存在显著差异，国有企业显著高于民营企业，这支持了信贷资源在所有制层面存在“配置规模差异”的结论；货币政策与企业产权性质交互项的系数分别为0.012和0.001，在1%的水平上显著，表明宽松的货币政策会加大国有企业和民营企业信贷规模的差异，强化所有制的“配置规模差异”；②企业产权性质与信贷期限结构显著正相关，系数为0.027，在1%的水平上显著，表明国有企业和民营企业的长期借款比重存在显著差异，国有企业总借款中的长期借款比重显著高于民营企业，这支持了信贷配置在所有制层面存在“信贷期限结构差异”的结论；货币政策与企业产权交互项的系数为0.003，在1%的水平上显著，表明宽松的货币政策会加大国有企业和民营企业的信贷期限结构差异，强化所有制的“信贷期限结构差异”；③企业产权性质与信贷融资成本显著负相关，系数为-0.005，在1%的水平上显著，表明国有企业和民营企业获取信贷资源的实际利息率存在显著差异，民营企业的实际利息率显著高于国有企业，这支

持了信贷资源配置在所有制层面存在“融资成本差异”的结论；货币政策与企业产权性质交互项的系数为-0.001，在1%的水平上显著，表明宽松的货币政策会加大国有企业和民营企业的信贷融资成本差异，强化所有制的“融资成本差异”。稳健性检验二再次证明了本章结论的稳健性。

表6-6 稳健性检验一

变量	(1)	(2)	(3)	(4)
	总借款规模	长期负债比率	信贷期限结构	信贷融资成本
企业产权性质	0.171***	0.007***	0.039***	-0.007***
	(0.052)	(0.002)	(0.010)	(0.0009)
货币政策×企业产权性质	0.008***	0.0008***	0.0009*	-0.002***
	(0.002)	(0.0001)	(0.0006)	(0.00006)
货币政策	-0.002	-0.0001	0.002***	0.002***
	(0.002)	(0.0001)	(0.0006)	(6.26e-05)
经济增速	0.016***	0.002***	0.005***	-0.002***
	(0.006)	(0.0003)	(0.001)	(0.0001)
清算价值比率	-0.500***	0.070***	0.264***	0.016***
	(0.118)	(0.006)	(0.029)	(0.003)
L. 清算价值比率	-0.140	-0.029***	-0.095***	0.012***
	(0.129)	(0.006)	(0.032)	(0.004)
L2. 清算价值比率	-0.251**	-0.028***	-0.105***	0.002
	(0.110)	(0.005)	(0.027)	(0.003)
流动比率	-0.328***	0.005***	0.059***	0.003***
	(0.009)	(0.0003)	(0.002)	(0.0002)
L. 流动比率	-0.070***	-0.0007**	-0.002	0.0009***
	(0.008)	(0.0003)	(0.002)	(0.0002)
L2. 流动比率	-0.046***	-0.0005*	0.002	-0.0001
	(0.006)	(0.0003)	(0.002)	(0.0002)
总资产报酬率	-0.011***	0.0003***	0.003***	-0.00006
	(0.002)	(0.00009)	(0.0005)	(0.00005)
L. 总资产报酬率	0.006***	0.0003***	0.001**	0.00003
	(0.002)	(0.00009)	(0.0005)	(0.00005)

续表

变量	(1)	(2)	(3)	(4)
	总借款规模	长期负债比率	信贷期限结构	信贷融资成本
L2. 总资产报酬率	0.011***	0.0001	-0.0001	-0.0001***
	(0.002)	0.00008	(0.0005)	(0.00005)
资产周转率	-0.854***	-0.045***	-0.103***	0.003*
	(0.050)	(0.002)	(0.015)	(0.002)
L. 资产周转率	0.063	-0.006**	-0.009	-0.0009
	(0.058)	(0.0036)	(0.018)	(0.002)
L2. 资产周转率	0.229***	0.008***	0.018	-0.004**
	(0.049)	(0.002)	(0.014)	(0.002)
托宾 Q	-0.148***	-0.0009***	-0.00005	0.0008***
	(0.007)	(0.0003)	(0.002)	(0.0002)
L. 托宾 Q	-0.038***	-0.0001	0.001	-0.002***
	(0.007)	(0.0003)	(0.002)	(0.0002)
L2. 托宾 Q	-0.032***	-0.0003	-0.0004	0.0007***
	(0.007)	(0.0003)	(0.002)	(0.0002)
主营业务增长率	0.358***	0.008***	0.014**	5.35e-05
	(0.018)	(0.0008)	(0.006)	(0.0007)
L. 主营业务增长率	0.294***	0.007***	-0.005	0.0005
	(0.018)	(0.0009)	(0.006)	(0.0007)
L2. 主营业务增长率	0.0005	-0.00005	-0.004**	0.002***
	(0.008)	(0.0004)	(0.002)	(0.0002)
企业年龄	0.101***	0.00001	0.002	-0.001***
	(0.006)	(0.0003)	(0.002)	(0.0002)
资产负债率		0.002***	0.004***	-0.00009***
		(0.00005)	(0.0003)	(0.00003)
L. 资产负债率		0.00007	-0.0001	0.0005***
		(0.00006)	(0.0003)	(0.00003)
L2. 资产负债率		-2.03e-05	0.00007	0.00005
		(0.00005)	(0.0003)	(0.00003)
企业总资产			0.034***	-0.005***
			(0.010)	(0.001)

续表

变量	(1)	(2)	(3)	(4)
	总借款规模	长期负债比率	信贷期限结构	信贷融资成本
L. 企业总资产			0.034*** (0.013)	0.001 (0.001)
L2. 企业总资产			-0.014 (0.010)	0.003*** (0.001)
常数项	10.16*** (0.205)	-0.040*** (0.009)	-0.840*** (0.077)	0.007 (0.008)
观测值	14721	17166	14713	17166
行业效应	控制	控制	控制	控制

注：括号中为稳健标准误，*、**、*** 分别代表 10%、5% 和 1% 的显著性水平。地区效应不显著，在模型中进行了剔除。货币政策为年份变量，故不再控制年度效应。L. 表示一阶滞后，L2. 表示二阶滞后。

表 6-7　稳健性检验二

变量	(1)	(2)	(3)	(4)
	总借款规模	长期负债比率	信贷期限结构	信贷融资成本
企业产权性质	0.284*** (0.048)	0.007*** (0.002)	0.027*** (0.009)	-0.005*** (0.0009)
货币政策 × 企业产权性质	0.012*** (0.004)	0.001*** (0.0002)	0.003*** (0.001)	-0.001*** (0.0001)
货币政策	0.006* (0.003)	-0.0002 (0.0001)	-0.0004 (0.0007)	0.0007*** (0.00009)
清算价值比率	-0.569*** (0.093)	0.039*** (0.004)	0.170*** (0.022)	0.039*** (0.003)
流动比率	-0.351*** (0.007)	0.003*** (0.0002)	0.048*** (0.002)	0.003*** (0.0001)
总资产报酬率	-0.0009 (0.002)	0.0003*** (0.00007)	0.002*** (0.0004)	-0.00007 (0.00005)
资产周转率	-0.514*** (0.037)	-0.036*** (0.002)	-0.083*** (0.009)	0.002* (0.001)

续表

变量	(1)	(2)	(3)	(4)
	总借款规模	长期负债比率	信贷期限结构	信贷融资成本
托宾 Q	-0.172*** (0.006)	-0.001*** (0.0002)	0.001 (0.001)	-0.001*** (0.0002)
主营业务增长率	0.072*** (0.007)	0.0003 (0.0003)	-0.002 (0.002)	0.0007*** (0.0002)
企业年龄	0.122*** (0.004)	0.0002 (0.0002)	-0.00002 (0.001)	-0.002*** (0.0001)
资产负债率		0.002*** (0.00003)	0.003*** (0.0002)	0.0002*** (0.00002)
企业总资产			0.070*** (0.004)	-0.003*** (0.0005)
经济增速	0.018*** (0.006)	0.000574** (0.0002)	0.002* (0.001)	-0.0006*** (0.0001)
常数项	9.291*** (0.174)	-0.0356*** (0.006)	-0.948*** (0.056)	0.0739*** (0.007)
观测值	17530	20984	17517	20984
行业效应	控制	控制	控制	控制

注：括号中为稳健标准误，*、**、***分别代表10%、5%和1%的显著性水平。地区效应不显著，在模型中进行了剔除。货币政策为年份变量，故不再控制年度效应。

第六节　本章结论

信贷资源在我国企业的外部融资过程中占据主导地位（姚余栋、李宏瑾，2013），货币政策是影响企业获取信贷配置的重要外生冲击。现有文献研究了货币政策对信贷资源的影响（Kashyap et al，1996；朱博文等，2013；李明辉等，2014），但较少关注货币政策对国有企业和民营企业间信贷配置结构的影响。邓路等（2016）对国有企业和民营企业的信贷配置差异进行了研究，但局限于信贷规模层面，未涉及信贷期限结构、信贷融资成本的差异。本书在第五章信贷资源配置所有制差异模型的基础上，引入货币政策变量，实证检验货币政策对不同产权性质企业间的信贷资源配置规模差异、信贷期限结构差异、信贷融资成本差异的影响，分析货币政策变动是会显著加大还是缩小国有企业和民营企业的差异，抑或没有影响，即货币政策是会减小还是强化我国信贷资源配置在所有制层面的配置规模差异、信贷期限结构差异、信贷融资成本差异。本章结论如下：

第一，引入货币政策变量后，国有企业和民营企业的信贷资源配置规模仍然存在显著差异，这支持了信贷资源在所有制层面存在“配置规模差异”的结论；地区的信贷增速越高，货币政策越宽松，国有企业和民营企业的信贷资源配置规模差异越大，即宽松的货币政策会强化二者之间的“配置规模差异”，紧缩的货币政策则会使这一差异缩小。

第二，引入货币政策变量后，企业产权性质与企业信贷期限结构仍然显著正相关，国有企业和民营企业的信贷期限结构仍存在显著差异，这支持了信贷资源配置在所有制层面存在“信贷期限结构差异”的结论；货币政策越宽松，国有企业和民营企业的信贷配置期限结构差异越大，即宽松的货币政策会强化二者之间的“信贷期限结构差异”，紧缩的货币政策则会使这一差异缩小。本书的实证分析认为，宽松货币政策强化国有企业和民营企业间“信贷期限结构差异”的主要原因在于宽松的货币政策会使国有企业长期借款占总借款的比重显著上升，而民营企业则不受影响，因此二者的差距进一步拉大。

第三，引入货币政策变量后，企业产权性质与企业信贷融资成本仍然显著负相关，民营企业和国有企业的信贷融资成本仍存在显著差异，这支持了信贷资源配置在所有制层面存在“融资成本差异”的结论；货币政策越宽松，民营企业和国有企业的信贷融资成本差异越大，即宽松的货币政策会强化二者之间的“融资成本差异”，紧缩的货币政策则会使这一差异缩小。

宽松货币政策会强化信贷资源配置所有制差异，原因可能在于国有企业相比民营企业而言，与商业银行之间的关系更紧密、更近，与银行之间的交易不存在时滞问题。如果中央银行调整货币政策通过信贷渠道传导时，与商业银行关系更紧密的国有企业受到的影响更大。因此，货币政策不仅具有熨平短期经济波动的功能，还具有调节信贷资源总量以及信贷资源在不同产权企业间配置结构的作用。传统的宏观经济学将货币政策的功能基本定位为熨平短期经济波动，这对于欧美等发达的经济体而言是可行的，但对于我国这种处于完善和改革进程中、金融摩擦相对严重的经济体则是不完善的。本章的分析表明，我国货币政策的目标函数中，应当将调节经济中的结构性问题，尤其是国有企业和民营企业间的资源配置结构性问题包括在内。

第七章 制度环境对信贷资源配置所有制差异的影响

制度环境是一系列用来建立生产、交换与分配基础的基本的政治、社会和法律基础规则，它构成人类政治交易行为或经济交易行为的激励机制（孙铮等，2005）。制度环境包括经济环境、金融环境、法律环境、社会环境和规则环境等（何韧等，2012）。制度经济学把制度分为人们有意识创造出来并通过国家等组织确立的正式制度和人们在长期的社会交往中逐步形成并得到社会认可的一系列约束性的非正式制度。正式制度包括法律、政府政策法规等，非正式制度则包括风俗习惯、声誉机制、道德水平、文化等（方军雄，2007；孙铮等，2005）。正式制度和非正式制度都对保证契约的履行具有重要作用。林毅夫（1994）认为，在某些情况下，非正式制度比正式制度更重要，非正式制度的运行可以弥补正式制度的缺陷。由于激励与约束的关系，制度可以对企业的行为以及宏观经济增长产生影响。诺贝尔经济学奖获得者、制度变迁理论的建立者诺思（1990、1999）认为，制度约束人的行为，影响资源配置效率，是影响各国经济增长和经济发展的最重要因素。钱颖一（1999）认为，市场机制下的制度环境具有较强的激励和约束性，而计划经济下的制度安排则由于经常受到政府干预的影响而缺乏激励和约束性。

由于我国国土面积大，不同地区之间不仅经济发展水平不平衡，制度环境也存在较大差异。地区制度坏境对区域内的企业行为和经济增长的影响各不相同，制度环境和制度政策具有明显的区域非对称性。限于特定国家的异质性增长环境，通过跨国面板数据得到的实证结果对中国这一特定对象的参考价值有限，对潜在的传导机制也缺乏深入的探讨。我国各地区资源禀赋、地理位置、地区政策的不同，导致了各地区的制度环境存在较大的差异，突出体现在政府干预程度、金融发展程度、法制化水平等方面，这为考察我国不同制度环境对不同产权性质企业的差别贷款影响提供了研究的空间。特别是，改革开放以来，我国处于从计划经济向市场经济转轨的过程当中。转型中的中国，制度环境的主要特征之一就是制度的激励和约束性低，经常受到政府干预的影响。在当前阶段，我国金融体系仍处于相对金融抑制状态，将有限的信贷资源在国有企业和民营企业之间进行有效配置对于缓解金融资源错配导致的资金配置效率低下至关重要。基于以上原因，本章具体研究以下问题：在我国制度环境缺乏激励和约束性、各地区制度环境存在较大差异的情况下，制度环境的改善或恶化会对信贷资源配置的所有制差异产生什么影响？比如，政府干预程度的上升或下降、金融发展程度的提高、法制化水平的改善等，会使信贷资源在不同产权企业间的配置差异发生怎样的变化？是减小差异还是进一步强化差异？回答这一问题，有助于深入理解国有企业和民营企业信贷资源配置差异的制度根源，从制度层面解决我国存在的信贷资源配置效率低下问题。从现实层面来讲，在当前民营企业发展及融资困难的情况下，研究这一问题有助于从制度环境层面为完善政策措施提供建议，从而为民营企业和小微企业提供政策支持，提振民营经济信心，推进宏观经济高质量协调发展。

本章首先从理论层面梳理制度因素影响信贷资源配置所有制差异的机制，其次结合我国的发展现状，使用我国 2007 ~ 2017 年制度环境数据和 A 股上市公司数据作为研究样本，实证检验制度环境变量对所有制差异的影响。本章参照孙铮等（2005）、方军雄（2007）、何韧等（2012）、蒋三庚等（2018）对制度变量的选取，选择地区政府干预、金融发展程度、法制化水平三个制度环境变量进行分析。

第一节　理论分析

一、政府干预、企业产权性质与信贷资源配置

我国实行的是社会主义制度，1949 年起实施了较长时间的计划经济体制。1978 年开始，我国经历了从计划经济向市场经济转轨的过程。20 世纪 90 年代，我国进行的社会主义市场经济改革大大降低了计划经济的比重，提升了市场经济的地位，但计划经济的遗留问题仍然存在。我国转轨过程的主要特征之一就是政府对经济的干预。在宏观经济学中，政府干预是指政府在经济运行中，为了促进市场发育、规范市场运行，实现经济持续、稳定、协调增长，运用调节手段和调节机制，对经济的调节和控制。我国转轨过程中的政府干预主要体现为政府通过控制审批、许可、资金、获得技术和其他稀缺资源的权力以及制定产业政策方式对经济实施调控（裴文睿，2004）。从行政体制而言，我国的政府干预分为中央政府干预和地方政府干预两个层次。

政府干预的作用可能是中性的，但从资源配置效率的角度看，负面作用比较明显。政府对资源配置的干预，导致稀缺资源配置于受到政府庇护的企业，但缺乏政府庇护的企业则受到损害。当资源配置主要通过政府干预来进行时，企业不再追求提高其经营能力和创新能力，而是关注如何获得政府庇护，如何维持与政府的良好关系，这大大降低了经济运行的效率（刘小玄，2003）。结合我们重点研究的信贷资源配置，我国仍处于由计划经济向市场经济的转轨和完善过程中，对于掌握主要信贷资源的国有商业银行而言，信贷资源配置的过程中经常受到政府的干预，而政府干预的措施和走向主要是引导信贷资源流向国有企业。在政府干预的情况下，一方面，作为信贷资源持有方的商业银行没有必要也没有动力提

升其信贷资源的评估技术和审慎发放水平，而是主要依靠政府拍板决定其信贷资源的配置；另一方面，国有企业在经济转轨的过程中承担了较多的政府负担，比如维持社会的稳定、促进就业等，因此政府倾向于为其提供便利、低廉的资金，使得国有企业比民营企业获得了更多的信贷资源和更长的信贷期限，也就出现了信贷资源配置的所有制差异。

为推动地区经济发展，通过加大投资并提升地区生产总值是地方政府的一个重要手段。除通过财政投入拉动地方投资外，政府通过干预银行业向辖区内企业发放贷款，或是通过地方融资平台融入大量贷款以加大地方基础设施建设。尤其在我国国有银行地方分行仿照行政区划实行“条块结合、以块为主”的管理体制时，地方政府对银行进行信贷干预非常便利（巴曙松等，2005）。20 世纪 90 年代国有银行地方分行信贷审批权上收后，地方政府开始通过逐渐兴起的地方商业银行控制地方金融资源促进经济增长。谭劲松等（2012）认为，地方政府对经济的干预主要是通过指导和干预国有企业，从而使得对晋升贡献度更高的国有企业获得更多的信贷资源。林毅夫、李志赟（2004）认为，政府对商业银行的信贷发放进行干预，会间接导致社会投资在某些行业过度集中，大量信贷资源未得到有效配置，被配置到重复建设的项目上，使得经济中可用的信贷规模缩小，经济结构和产业结构失衡。

随着我国经济体制和行政体制的改革，市场经济在经济中的影响越来越大，政府干预经济的程度逐渐减弱，制度环境的改善使得持有信贷资源的商业银行逐步提升经营水平，信贷资源配置开始以市场化方式进行。信贷资源配置以市场为导向，更倾向于向风险小、收益高的项目和企业。姚洋、章奇（2001），Loren 等（2003），张军、金煜（2005）认为在这种情况下，经营机制更加灵活、经营绩效更加优良的民营企业会得到银行的青睐。

二、金融发展水平、企业产权性质与信贷资源配置

金融市场的发展能够有效减少金融资源错配带来的负面效应。金融市场的不

发达导致了信息不对称的产生，商业银行为有效降低风险保障自身收益，会更加倾向于向企业发放期限较短的贷款。在有效金融市场上，信息透明度高，银行可以获取借贷企业以及投资项目的信息，进而做出市场化的评估。根据麦金农和肖的金融深化理论，政府和央行对信贷市场的利率进行管制，会导致信贷实际利率低于均衡利率，信贷资金无法达到有效均衡。金融发展水平的提高可以有效提高信息透明度，有利于银行的信贷发放按照市场化原则进行，银行根据企业自身的经营绩效对企业进行评估，确定贷款规模与利率，促进信贷资源流向生产效率更高的部门和企业，通过资源配置效率的提升促进宏观经济增长。

我国是社会主义制度国家，公有制在经济中占主导地位，国有经济占有较大的比重。我国的金融体系结构以国有银行为主体。虽然我国金融体系包含债券、股票、基金等直接融资，但发展还相对滞后，银行间接融资在资金的配置中起着决定性作用，其中国有商业银行占据着主导地位。蒋三庚、王莉娜（2018）使用中国银监会网站发布的金融许可证信息数据，分析发现2007～2016年，我国四大国有银行的比重虽然呈逐年下降趋势，银行业结构从垄断向竞争过渡，但2016年，四大商业银行所占比重仍高达28%，接近银行业的1/3，国有商业银行仍然占据银行业体系的主导地位。国有商业银行在资金配置中的主导地位，使得国有企业获取信贷资金的难度及成本降低，而民营企业则面临着较为严重的融资约束。金融发展水平和市场化水平的提高可以有效提高金融资源的配置效率，金融发展水平越高，商业银行之间的竞争越激烈，市场对金融资源的配置越有效。

学者们对金融发展与资源配置效率的关系进行了探讨。韩立岩和蔡红艳（2002）使用Wurgler（2001）的方法从行业和省份的层面进行了考察。李青原等（2013）认为金融发展有利于资源配置效率的提升，但地方政府干预会弱化金融发展的这一作用。刘小玄和周晓艳（2011）发现，我国企业的信贷资源配置与企业的利润仅存在弱相关关系，原因可能是信贷资源在国有企业和民营企业间存在错配。近年来，学者们从企业视角对金融发展影响资源配置效率的问题进行了研究。从中观行业层面来看，Rajan 和 Zingales（1998）认为金融发展能够促进经济的增长。Manganelli 和 Popov（2015）认为，金融发展会影响资源在行业间的配置，使更多的资源流向波动性较小的行业，提高其产出比重，从而降低行业的总体波动程度，即金融发展能够提高资源在行业间的配置效率从而提高经济运行的效率。Wurgler（2001）选取了65个国家作为样本，发现相较拥有不发达金融市场的国家而言，拥有发达金融市场的国家增加了对增长中行业的投资，减少了对衰退行业的投资。同时，资本配置效率与经济中国有经济的总量负相关。从微观企业层面来看，Hopenhayn（2014）认为金融发展通过两条途径提升了资源配置效率，首先是直接提高微观企业间的资本配置效率，其次是通过提升企业自身的决策能力，间接改善企业的资源配置效率。李欣泽等（2017）认为，金融发展在行业间主要通过以下作用机制改善资源错配状况、提升资源配置效率：使一些对外部融资依赖程度高、技术相对较高的行业获取融资的途径增多、概率增加，减少资本要素在部门间流动时的摩擦阻力，从而优化部门间资源错配状况。

三、法制化水平、企业产权性质与信贷资源配置

法律的主要功能是保证债权人能够有效地执行契约，减少银行贷款的风险，从而增加银行对企业的贷款（余明桂、潘红波，2008）。La Porta 等（1998）的“法与金融”理论认为，法律和金融市场的发展能够有效减少金融资源错配带来的负面效应。Qian 和 Strahan（2007）研究发现，法律和制度上的差异显著影响银行贷款的所有权和期限。在强有力的法律环境下，贷款拥有更集中的所有权、更长的期限和更低的利率。外资银行对法律和制度环境尤为敏感，随着债权人保护力度的降低，相对于国内银行而言，外资银行对贷款的所有权有所下降。Booth 等（2001）、Giannetti（2003）、Demirguc－Kunt 和 Maksimovic（1996）、Beck 等（2004）、Mitton（2008）则从企业层面，研究法与金融对企业债务融资规模和期限的影响，结果发现法律（法律水平、法律执行程度等）和金融发展是解释企业间债务融资规模和期限差异的重要因素。从银行角度出发研究，Diamond（1991）和 Rajan（1992）认为，为有效控制风险，当制度环境中的法律水平不能有效保护债权人权力时，银行使用短期债务的方式控制企业的机会主义；

而当法律水平提升，法制机制健全，银行等债权人的权力能够得到有效保护时，银行就不再需要通过缩短债务期限控制债务人，从而使得企业能够获得更长的信贷期限。

提高法制化水平能使企业获得更多的银行贷款和更长的贷款期限。我国在经济转型的过程中，司法体系的独立性还相对缺乏，政府部门和官员对司法部门存在一定的影响力，导致法律实施缺乏有效性。政府部门不愿意国有企业因为无法按期还本付息而被迫破产清算，因此在司法体系对国有企业进行破产诉讼时，政府往往会进行干预。在这种情况下，一方面，商业银行等债权人的权力得不到有效保护，贷款契约无法执行；另一方面，国有企业无力偿还贷款时并不会破产清算，导致国有企业获取银行信贷的意愿强烈。提升法制化水平有助于提高司法体系的独立性，提升债权人的保护力度。当企业无力偿还贷款时，保证银行等债权人可以获得企业的控制权。有效合约执行的威胁可以抑制借款人违约的机会主义，降低借款人尤其是国有企业的借款冲动。法制化水平的提高使得在借款企业面临破产清算时，银行可以向司法机构提出破产申请获得主导权，从而最大程度保证贷款本息的回收，降低企业的道德风险。法制化水平的提高，可以促进企业的贷款尤其是国有企业的贷款收缩。

第二节 模型设定与变量选取

一、模型设定

参照方军雄（2007）、余明桂和潘红波（2008）、郭娜（2013）、韩剑和郑秋玲（2014）的做法，结合本章要研究的制度环境变量对信贷资源配置所有制差异的影响问题，在第五章所有制差异检验模型的基础上，引入制度环境变量、制度环境变量与企业产权性质的交互项对上述问题进行实证研究，实证模型为：

$$Credit_{it} = \alpha_0 + \gamma Property_{it} + \lambda Institution_{it} + \nu Property_{it} \times Institution_{it} + \alpha_1 X_{1it} + \alpha_2 X_{2it} + \alpha_3 X_{3it} + \beta_1 GDP_{it} + \beta_2 Area_{it} + \mu_i + \varepsilon_{it}$$

其中，Institution 表示制度环境，包含三个变量：Government 表示政府干预，Law 表示法制化水平，Finance 表示金融发展水平，其余变量与第五章相同。ν 是本章重点关注的变量系数。γ 为正时，如果 ν 为正，表示制度环境的改善①使得国有企业和民营企业间的信贷配置差异进一步加大；如果 ν 为负，表示制度环境的改善使得国有企业和民营企业间的信贷配置差异缩小，可以有效减少信贷资源配置所有制差异。

二、变量选取

1. 被解释变量

根据第五章的实证结果，我国的信贷资源在国有企业和民营企业间配置时存在所有制差异，体现为三个层面：配置规模差异、信贷期限结构差异、信贷融资成本差异。本章实证检验制度环境对信贷资源配置所有制差异的影响，因此被解释变量与第五章相同，仍为信贷资源配置的规模（总借款规模、长期负债比率）、信贷期限结构和融资成本变量（实际利息率）。

2. 制度变量

参照孙铮等（2005），方军雄（2007），何韧等（2012），蒋三庚、王莉娜（2018）对制度变量的选取，本书选择地区政府干预、金融发展程度、法制化水平三个制度环境变量，数据来源于王小鲁等的《中国分省份市场化指数报告（2016）》。

① 制度环境为正向变量时的系数解读，以金融发展为例，正向变量即数值越大，金融发展水平越高。

政府干预变量：《中国分省份市场化指数报告（2016）》从政府与市场的关系、非国有经济的发展、产品市场的发育程度、要素市场的发育程度、市场中介组织的发育和法律制度环境五个方面评价我国市场化的进展状况。政府与市场的关系包括市场分配经济资源的比重、减少政府对企业的干预、缩小政府规模三个指标。本章采用“政府与市场的关系”反映政府干预的程度，数值越高，表明市场在资源配置中的作用越大，政府干预程度越低，因此，该指标为反向指标。此外报告认为，各地政府支出占当地 GDP 的比重能够反映政府配置资源的比重，可以近似反映政府干预（Government）程度，因此本章使用 Wind 数据库中的数据计算“政府支出占 GDP 的比重”作为政府干预的另一指标，在稳健性检验中进行替换检验。

金融发展变量：要素市场的发育程度包括金融业的市场化、人力资源供应情况、技术成果市场化三个指标。金融业的市场化包括金融业的市场竞争和信贷资金分配市场化，本章采用“金融业的市场竞争”表示金融发展水平（Finance），该指标为正向指标，指数越大表示金融发展水平越高。根据蒋三庚、王莉娜（2018）的分析，我国金融业仍然存在显著的进入壁垒，因此传统产业经济学的 SCP 范式（市场结构、行为、绩效之间存在明显的因果关系）可以用于分析市场竞争程度。本书借鉴其分析方法，采用各省份工、农、中、建、交五大银行经营机构、员工人数、总资产占所在省份的比重（CR5）表示银行业竞争水平。竞争水平越高，银行信贷资源配置中市场比重越大，金融发展水平越高，本书采用“各省份五大银行经营机构、员工人数、总资产的比重”作为金融发展水平的另一指标，在稳健性检验中进行替换检验。“各省份五大银行的比重”数据来源于 Wind 数据库。

法制化水平变量：市场中介组织的发育和法律制度环境包括市场中介组织的发育、维护市场的法制环境、知识产权保护三个指标，本章采用“维护市场的法制环境”表示法制化水平（Law），该指标为正向指标，指数越大表示法制化水平越高。

3. 控制变量

为实证分析政府干预、金融发展水平、法制化水平等制度变量对银行信贷资源配置所有制差异的影响，本章与第五章、第六章相同，对企业的微观特征和宏观经济发展程度进行控制，控制变量与前文分析相同，不再赘述。

第三节　描述性统计和相关性分析

一、描述性统计

本章着重对政府干预、金融发展水平、法制化水平进行描述性分析。

1. 描述性统计：按年份

图7-1是2007~2016年我国政府干预程度图，左图使用王小鲁等《中国分省份市场化指数报告（2016）》中的政府与市场关系指数绘制，右图使用Wind数据库中政府支出占GDP的比重绘制。根据王小鲁等的指标说明，在刻画政府干预程度时，政府与市场关系指数为反向指标，即数值越大，表明市场化程度越高，政府干预程度越低。政府支出占GDP的比重为正向指标，数值越大，表明政府配置资源的能力越高，政府干预程度越高。因此，图7-1的左图和右图中虽然曲线变化趋势相反，但均反映了政府干预程度从2007年到2016年逐渐加深的过程，说明我国政府干预程度未降反升，这一结论与王小鲁等报告中指出的“市场化程度呈倒退态势”相符。使用两种数据刻画的政府干预指标均在2012年发生过渡。2012年之前，政府干预程度低于2007~2016年的平均水平，2012年之后则高于平均水平。

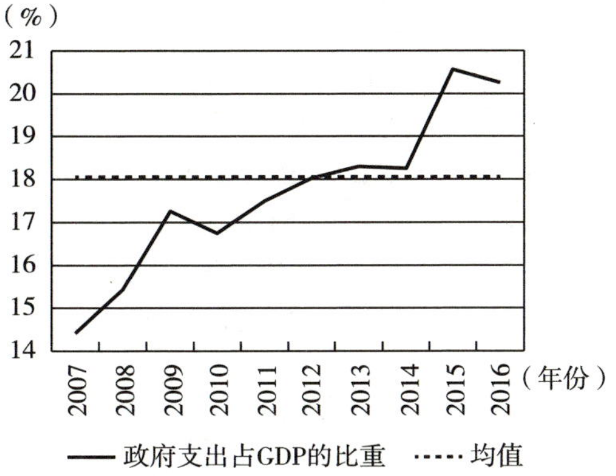

图 7－1　2007～2016 年我国政府干预程度

数据来源：《中国分省份市场化指数报告（2016）》和 Wind 数据库。

图 7－2 是 2007～2016 年我国金融发展水平图，左上使用《中国分省份市场化指数报告（2016）》中的金融业的市场竞争指数绘制，右上、左下、右下分别使用各省份工、农、中、建、交五大商业银行的经营机构、员工人数、资产的集中度（CR5）进行绘制。可以看出，左上图与右上、左下、右下图中的曲线趋势相反，这是由于集中度越高，市场化水平越低，左上图与右上、左下、右下图刻画的都是金融发展水平的逐年提高。即无论从金融业的市场竞争来看，还是银行业经营机构集中程度、员工人数集中程度、资产的集中程度来看，2007～2016 年我国金融发展水平均呈逐年提升的趋势。与政府干预指标相同的是，2012 年也是金融发展水平过渡年份，2012 年之前，金融发展水平低于 2007～2016 年的平均水平，2012 年之后，金融发展水平高于平均水平。

图 7－3 是 2007～2016 年我国法制化水平图，使用《中国分省份市场化指数报告（2016）》中的维护市场的法制环境指数绘制。2009 年、2010 年我国的法制化水平相对较低，这是由于国际金融危机的影响使得调查报告中企业对公检法机关执法公正及效率的评价相对偏低。2012 年之后，我国法制化水平明显提升，且数值较为稳定。

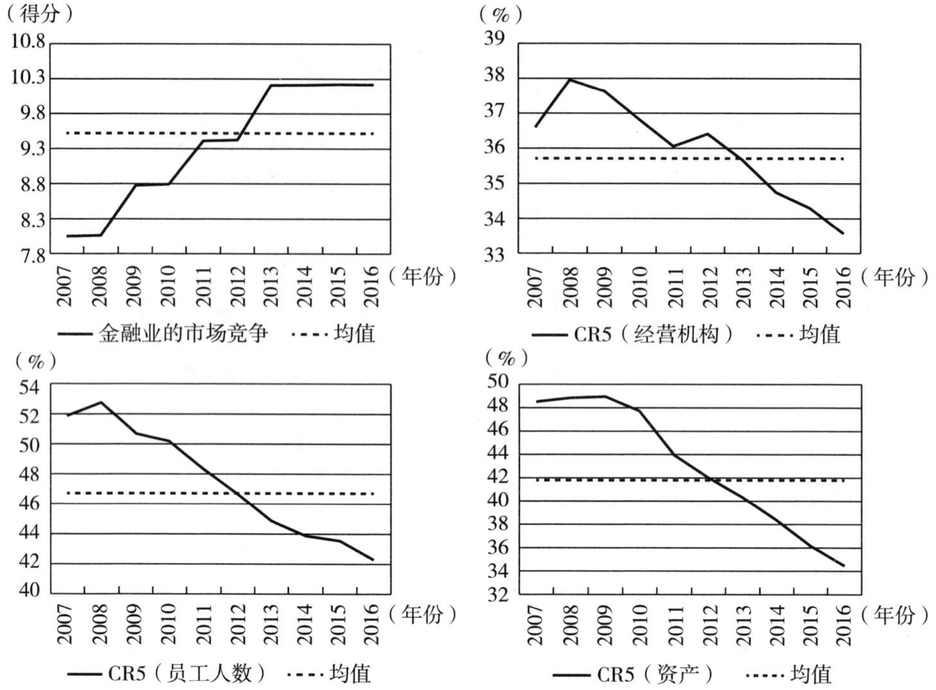

图 7－2　2007～2016 年我国金融发展水平

数据来源：《中国分省份市场化指数报告（2016）》和 Wind 数据库。

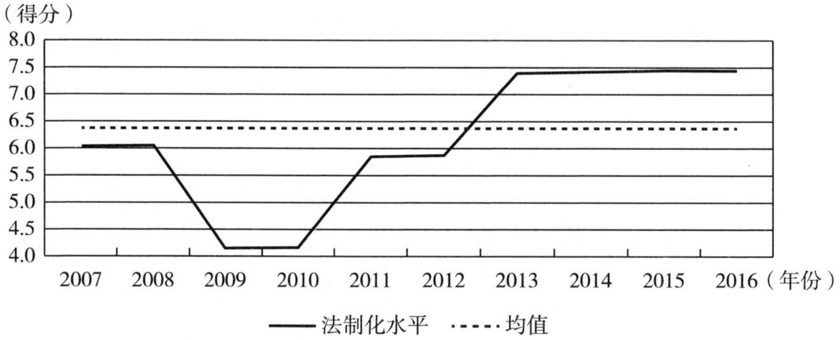

图 7－3　2007～2016 年我国法制化水平

数据来源：《中国分省份市场化指数报告（2016）》。

2. 描述性统计：分省份

图 7－4 是 2007～2016 年我国各省（自治区、直辖市）政府干预程度图，使

用《中国分省份市场化指数报告（2016）》中的政府与市场关系指数绘制。政府与市场关系指数为反向指标，数值越大，表示政府干预程度越低。东部地区和中部地区的政府干预程度较低，西部地区和东北地区的政府干预程度较高。东部地区中，北京、天津、上海、江苏、浙江、福建、山东、广东政府干预程度均低于全国平均水平，仅河北和海南高于全国均值；中部地区中，安徽、江西、河南、湖北政府干预程度低于全国平均水平，湖南和江西高于全国均值；而西部地区和东北地区中，仅广西、重庆、四川、吉林、黑龙江低于全国均值，其余省份均高于全国均值，其中青海和新疆的政府干预程度最高。

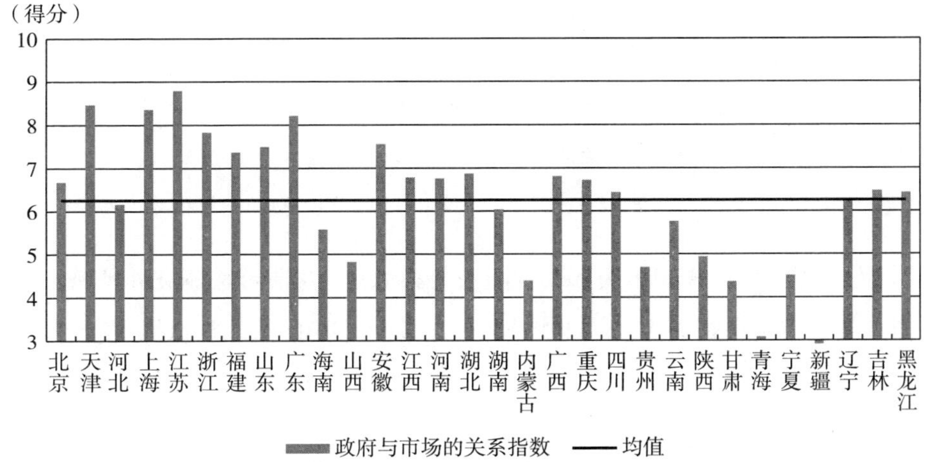

图7－4 2007～2016年我国各省（自治区、直辖市）政府干预程度

数据来源：《中国分省份市场化指数报告（2016）》。由于数据原因，未包含西藏。

图7－5是2007～2016年我国各省（自治区、直辖市）金融发展水平图，使用《中国分省份市场化指数报告（2016）》中的金融业的市场竞争指数绘制。可以看出，我国各省份金融发展水平差距较大，金融发展水平最高的地区是上海。从地区上看，金融发展水平的分布也存在较大差异，东部地区的金融发展水平最高，中部地区接近于全国均值，而西部地区和东北地区的金融发展水平较低。东部省份中，北京、天津、上海、江苏、浙江、福建、山东、广东的金融发展水平均高于全国平均水平，中部地区中仅山西和河南高于全国均值，西部地区中重庆和云南金融发展水平较好，东北地区中辽宁省的金融发展水平接近上海、浙江等

省、直辖市的发展程度。

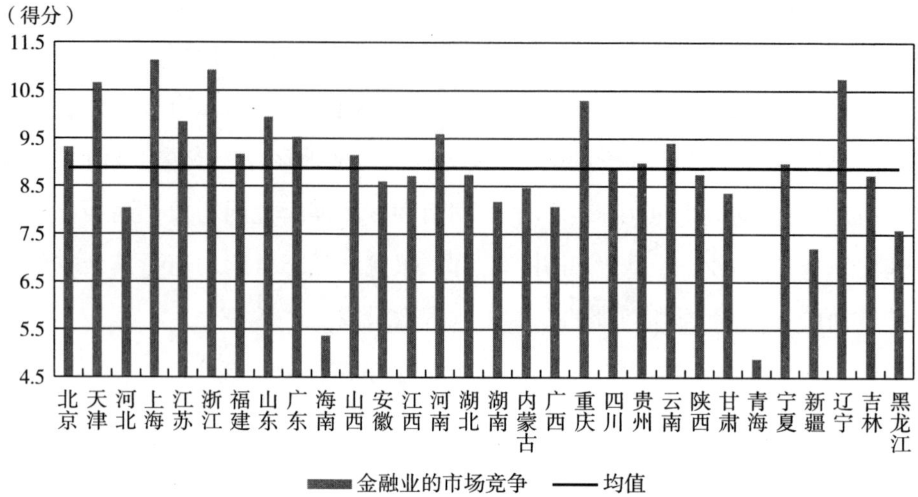

图 7-5　2007~2016 年我国各省（自治区、直辖市）金融发展水平

数据来源：《中国分省份市场化指数报告（2016）》。由于数据原因，未包含西藏。

图 7-6 是 2007~2016 年我国各省、自治区、直辖市法制化水平图，使用《中国分省份市场化指数报告（2016）》中的维护市场的法制环境指数绘制。可以

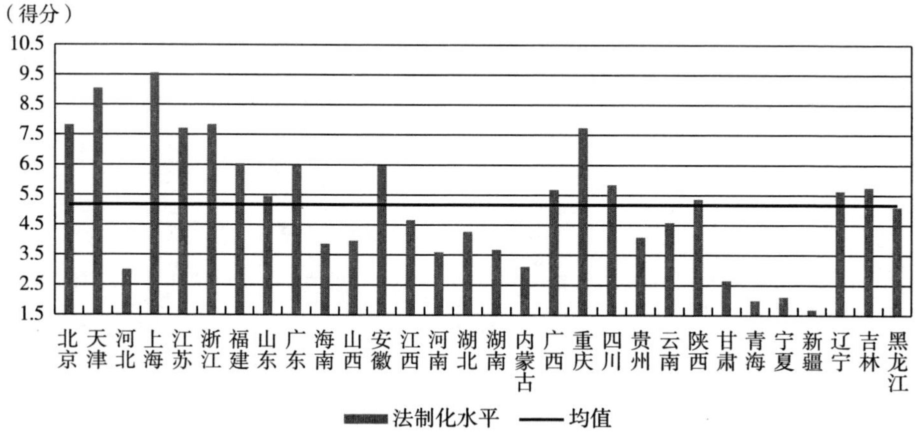

图 7-6　2007~2016 年我国各省（自治区、直辖市）法制化水平

数据来源：《中国分省份市场化指数报告（2016）》。由于数据原因，未包含西藏。

看出，我国各省（自治区、直辖市）的法制化水平分布与金融发展水平分布既有相同之处也存在不同之处。相同之处在于我国法制化水平也呈现出东部地区数值高，且普遍高于全国均值的情况，不同之处在于中部地区的法制化水平并未如金融发展水平一样呈现出接近于全国均值的情况，而是普遍低于全国均值。西部地区中的重庆和东北地区的辽宁和吉林法制化水平也高于全国水平。新疆、宁夏、青海则呈现出法制化水平较低的状态。

二、相关性分析

本书分析制度环境变量对企业信贷资源配置所有制差异的影响，根据前文设定的模型和选择的指标变量，对信贷资源配置规模、期限结构、融资成本、企业性质、制度变量等进行相关性检验。表 7 - 1 是变量的相关系数矩阵表，可以看出，①信贷资源配置规模变量（总借款规模、长期负债比率）与政府干预正相关，且在 1% 的水平上显著，表明政府干预程度高的企业，企业的总借款规模、单位资产获得的长期借款规模大；借款总规模与金融发展水平呈显著正相关，但长期负债比率表现为显著负相关的关系；法制化水平对信贷资源规模的作用根据相关系数矩阵表无法得出明确的相关关系结论，有待将控制变量加入实证模型进行进一步检验。②信贷期限结构与政府干预呈显著正相关，且在 1% 的水平上显著，表明政府干预高的地区，长期借款在总借款中的比重高；与金融发展水平的关系不能确定，与法制化水平呈显著负相关，说明法制化水平高的地区，企业长期借款比重高。③信贷融资成本与政府干预程度显著负相关，政府干预高的地区，企业的融资成本低；与金融发展水平、法制化水平呈显著负相关，金融发展水平高、法制化水平高的地区，企业的融资成本低。相关系数矩阵呈现的相关关系仅作为实证检验的初步估计，可能存在遗漏变量导致相关关系出现偏差的情况。为有效避免引入制度环境变量与企业产权性质交互项后产生的共线性问题，本章与第 6 章相同，对交互项做了去中心化处理。

表 7-1 相关系数矩阵表

	借款总规模	长期负债比率	信贷期限结构	融资成本	企业性质	政府干预（1）	政府干预（2）	金融发展水平（1）	金融发展水平（2）	金融发展水平（3）	金融发展水平（4）	法制化水平
借款总规模	1											
长期负债比率	0.512***	1										
信贷期限结构	0.283***	0.717***	1									
融资成本	0.070***	0.043***	-0.031***	1								
企业性质	0.265***	0.245***	0.190***	-0.086***	1							
政府干预（1）	-0.089***	-0.097***	-0.093***	0.041***	-0.119***	1						
政府干预（2）	0.078***	0.079***	0.093***	-0.068***	0.144***	-0.709***	1					
金融发展水平（1）	0.021***	-0.100***	-0.048***	-0.119***	-0.160***	0.332***	-0.218***	1				
金融发展水平（2）	-0.005	-0.019***	-0.002	0.016**	0.015**	0.403***	-0.178***	0.092***	1			
金融发展水平（3）	-0.019**	0.081***	0.031***	0.139***	0.134***	-0.053***	-0.029***	-0.663***	0.435***	1		
金融发展水平（4）	-0.053***	0.048***	-0.007	0.174***	0.086***	0.129***	-0.169***	-0.649***	0.234***	0.622***	1	
法制化水平	-0.011	-0.116***	-0.062***	-0.105***	-0.117***	0.498***	-0185***	0.668***	0.344***	-0.404***	-0.434***	1

注：政府干预（1）为《中国分省份市场化指数报告（2016）》中的政府与市场关系指数，反向指标；政府干预（2）为政府支出占 GDP 的比重。金融发展水平（1）为《中国分省份市场化指数报告（2016）》中金融业的市场竞争指数；金融发展水平（2）（3）（4）为工农中建交五大行经营机构、员工人数、资产的集中度，反向指标。*、**、*** 分别代表 10%、5% 和 1% 的显著性水平。

资料来源：《中国分省份市场化指数报告（2016）》和 Wind 数据库。

第四节　实证结果分析

一、制度环境、企业产权性质与信贷资源配置规模

1. 制度环境、企业产权性质与总借款规模

表7－2是制度环境、企业产权性质与总借款规模的实证结果，采用豪斯曼－泰勒估计量进行估计。表中的第（1）（2）（3）列分别将政府干预、金融发展、法制化水平放入模型，第（4）列将这三个制度变量同时放入模型。实证结果表明：①加入制度变量后，企业产权性质与企业总借款仍然呈现显著正相关关系，表明国有企业和民营企业的总借款规模存在显著差异。相较民营企业，国有企业更够获得更多的总借款规模，这支持了信贷资源在所有制层面存在“配置规模差异”的结论。②政府干预变量与企业产权性质交互项的系数不显著，表明地区政府干预程度的高低对于国有企业和民营企业信贷资源配置总规模的差异不存在显著影响。③金融发展与企业产权性质交互项的系数显著为负，系数为－0.113，在1%的水平上显著，表明地区金融发展程度高的地区，会使国有企业和民营企业借款总规模的差异缩小，即地区金融发展程度高可以有效改善信贷资源在所有制层面的“配置规模差异”。④法制化水平与企业产权性质交互项的系数显著为负，系数为－0.047，在1%的水平上显著，表明地区法制化水平的提高，会使国有企业和民营企业的借款总规模差异缩小，即法制化水平的提高可以有效改善信贷资源在所有制层面的“配置规模差异”；但第（4）列将政府干预、金融发展、法制化水平同时放入模型时，法制化水平与企业产权交互项的系数不再显著，说明政府干预使得法制化水平对所有制差异的改善效应被弱化。

表 7－2　制度环境、企业产权性质与总借款规模

变量	(1)	(2)	(3)	(4)
	政府干预	金融发展	法制化水平	三个变量
企业产权性质	0. 320 *** (0. 048)	0. 322 *** (0. 048)	0. 298 *** (0. 048)	0. 313 *** (0. 048)
政府干预	0. 007 (0. 020)			0. 026 (0. 020)
政府干预 × 企业产权性质	－0. 001 (0. 022)			－0. 029 (0. 023)
金融发展		0. 139 *** (0. 018)		0. 160 *** (0. 021)
金融发展 × 企业产权性质		－0. 113 *** (0. 016)		－0. 127 *** (0. 021)
法制化水平			0. 015 ** (0. 008)	－0. 027 *** (0. 009)
法制化水平 × 企业产权性质			－0. 047 *** (0. 009)	0. 002 (0. 012)
清算价值比率	－0. 330 *** (0. 091)	－0. 338 *** (0. 091)	－0. 330 *** (0. 091)	－0. 327 *** (0. 091)
流动比率	－0. 325 *** (0. 007)	－0. 324 *** (0. 007)	－0. 323 *** (0. 007)	－0. 327 *** (0. 007)
总资产报酬率	0. 001 (0. 002)	0. 001 (0. 002)	0. 001 (0. 002)	0. 0008 (0. 002)
资产周转率	－0. 557 *** (0. 037)	－0. 566 *** (0. 037)	－0. 559 *** (0. 037)	－0. 569 *** (0. 037)
托宾 Q	－0. 157 *** (0. 006)	－0. 159 *** (0. 006)	－0. 158 *** (0. 006)	－0. 161 *** (0. 006)
主营业务增长率	0. 064 *** (0. 007)	0. 070 *** (0. 007)	0. 069 *** (0. 007)	0. 076 *** (0. 007)
企业年龄	0. 117 *** (0. 005)	0. 099 *** (0. 006)	0. 120 *** (0. 005)	0. 102 *** (0. 006)
经济增速	0. 019 *** (0. 005)	0. 021 *** (0. 005)	0. 019 *** (0. 005)	0. 017 *** (0. 005)

续表

变量	(1)	(2)	(3)	(4)
	政府干预	金融发展	法制化水平	三个变量
常数项	9.306***	8.356***	9.174***	8.156***
	(0.234)	(0.213)	(0.174)	(0.291)
观测值	16847	16847	16847	16847
行业效应	控制	控制	控制	控制

注：政府干预、金融发展、法制化数据来源于《中国分省份市场化指数报告（2016）》。政府干预为反向变量，数值越大，政府干预程度越低。*、**、***分别代表10%、5%和1%的显著性水平。

控制变量中，企业微观层面和地区宏观变量影响的方向和显著性与第5章基础回归相同。引入三个变量后，企业清算价值比率、流动比率、资产周转率与企业总借款显著负相关，系数为－0.327、－0.327、－0.569，在1%的水平上显著，表明企业固定资产比重高，抵押价值品价值大，短期变现能力强，资产利用效率高，企业获得的总借款规模大。企业主营业务增长率、企业年龄与企业总借款呈显著正相关，系数为0.076、0.102，在1%的水平上显著，表明企业盈利能力越强，成立时间越长，企业获得的总借款规模越大。经济增速与总借款规模呈显著正相关说明地区经济增速的提高可以有效提升企业的总借款规模。

2. 制度环境、企业产权性质与长期负债比率

表7－3是制度环境、企业产权性质与长期负债比率的实证结果，检验方法同表7－2，结果表明：①引入制度环境变量后，企业产权性质的系数显著为正，在1%的水平上显著，表明引入制度变量后，国有企业和民营企业的长期负债比率仍然存在显著差异，国有企业单位资产获得的长期借款显著高于民营企业，这支持了信贷资源在所有制层面存在“配置规模差异”的结论；②政府干预与产权性质交互项的系数不显著，表明地区政府干预程度的高低对国有企业和民营企业单位资产获取的长期借款差异不存在显著影响；③金融发展与企业产权性质交互项的系数显著为负，系数为－0.003，在1%的水平上显著，表明地区金融发展

程度的提高可以使国有企业和民营企业长期负债比率差异缩小，有效改善信贷资源在所有制层面的“配置资源差异”；④法制化水平与企业产权性质交互项的系数显著为负，系数为 -0.003，在1%的水平上显著，表明地区法制化水平的提高与金融水平提高的作用相同，可以显著缩小国有企业和民营企业单位资产获得长期借款的差异，有效改善信贷资源在所有制层面的“配置资源差异”。第（4）列将三个变量同时放入模型也依然支持上述结论，政府干预并未削弱金融发展和法制化水平对信贷配置规模差异的改善效应。

表7-3　制度环境、企业产权性质与长期负债比率

变量	(1)	(2)	(3)	(4)
	政府干预	金融发展	法制化水平	三个变量
企业产权性质	0.006*** (0.002)	0.006*** (0.002)	0.005*** (0.002)	0.006*** (0.002)
政府干预	-0.001* (0.0008)			-0.0004 (0.0008)
政府干预×企业产权性质	0.0009 (0.0009)			0.001 (0.001)
金融发展		0.002*** (0.0008)		0.002** (0.0009)
金融发展×企业产权性质		-0.003*** (0.0007)		-0.002* (0.001)
法制化水平			-0.0002 (0.0003)	-0.0007 (0.0004)
法制化水平×企业产权性质			-0.003*** (0.0004)	-0.002*** (0.0005)
清算价值比率	0.040*** (0.004)	0.039*** (0.004)	0.040*** (0.004)	0.040*** (0.004)
流动比率	0.004*** (0.0002)	0.004*** (0.0002)	0.004*** (0.0002)	0.004*** (0.0002)
资产负债率	0.002*** (0.00004)	0.002*** (0.00004)	0.002*** (0.00004)	0.002*** (0.00004)

续表

变量	(1)	(2)	(3)	(4)
	政府干预	金融发展	法制化水平	三个变量
总资产报酬率	0.0005***	0.0005***	0.0004***	0.0004***
	(0.00008)	(0.00008)	(0.00008)	(0.00008)
资产周转率	-0.037***	-0.037***	-0.037***	-0.037***
	(0.002)	(0.002)	(0.002)	(0.002)
托宾 Q	-0.001***	-0.001***	-0.001***	-0.001***
	(0.0002)	(0.0002)	(0.0002)	(0.0002)
主营业务增长率	-0.0006*	-0.0004	-6.87e-05	3.30e-05
	(0.0003)	(0.0003)	(0.0003)	(0.0003)
企业年龄	-0.0002	-9.45e-05	0.0003	6.86e-05
	(0.0002)	(0.0003)	(0.0002)	(0.0003)
经济增速	0.0009***	0.001***	0.0007***	0.0008***
	(0.0002)	(0.0002)	(0.0002)	(0.0002)
常数项	-0.030***	-0.067***	-0.045***	-0.059***
	(0.009)	(0.009)	(0.007)	(0.012)
观测值	20104	20104	20104	20104
行业效应	控制	控制	控制	控制

注：政府干预、金融发展、法制化数据来源于《中国分省份市场化指数报告（2016）》。政府干预为反向变量，数值越大，政府干预程度越低。*、**、*** 分别代表 10%、5% 和 1% 的显著性水平。

综上所述，引入制度变量后，企业产权性质的系数仍然显著为正，国有企业和民营企业借款总规模、长期负债比率仍存在显著差异，这支持了信贷资源存在“配置规模差异”的结论；地区政府干预程度的高低对二者之间的信贷配置规模差异不存在显著影响，但地区金融水平和法制化水平的提高可以使国有企业和民营企业的借款总规模、单位资产获得的长期借款差异缩小，有效改善信贷资源在所有制层面的“配置规模差异”。

二、制度环境、企业产权性质与信贷配置期限结构

表 7-4 是制度环境、企业产权性质与信贷期限结构的实证结果，检验方法

同表7－2，实证结果表明：①引入制度环境变量后，企业产权性质的系数仍然显著为正，在5%的水平上显著，表明引入制度变量后，国有企业和民营企业的信贷期限结构仍然存在显著差异，国有企业总借款中的长期借款比重显著高于民营企业，这支持了信贷资源在所有制层面存在"信贷期限结构差异"的结论；②政府干预与企业产权性质交互项的系数不显著，表明地区政府干预程度的高低对国有企业和民营企业单位资产获取的长期借款差异不存在显著影响；③金融发展与企业产权性质交互项的系数不显著，表明虽然地区金融发展程度的提高可以优先改善国有企业和民营企业的信贷资源配置规模差异，但对二者之间的信贷期限结构差异没有显著影响；④法制化水平与企业产权性质交互项的系数显著为负，系数为－0.004，在5%的水平上显著，表明地区法制化水平的提高，可以显著缩小国有企业和民营企业信贷期限结构的差异，使国有企业和民营企业的长期借款占总借款的比重差异减小，有效改善信贷资源在所有制层面的"信贷期限结构差异"。第（4）列将三个变量同时放入模型也依然支持上述结论。控制变量的系数方向与显著性与第5章中基础回归表5－11相比，并未发生变化。

表7－4　制度环境、企业产权性质与信贷期限结构

变量	(1)	(2)	(3)	(4)
	政府干预	金融发展	法制化	三个变量
企业产权性质	0.022** (0.009)	0.020** (0.009)	0.020** (0.009)	0.020** (0.009)
政府干预	0.0008 (0.004)			0.002 (0.004)
政府干预×企业产权性质	−0.002 (0.005)			0.002 (0.005)
金融发展		−0.005 (0.004)		−0.003 (0.005)
金融发展×企业产权性质		−0.0007 (0.004)		0.003 (0.005)
法制化水平			−0.004** (0.002)	−0.003 (0.002)

续表

变量	(1)	(2)	(3)	(4)
	政府干预	金融发展	法制化	三个变量
法制化水平×企业产权性质			-0.004** (0.002)	-0.005** (0.003)
经济增速	0.004*** (0.001)	0.004*** (0.001)	0.003*** (0.001)	0.003*** (0.001)
企业总资产	0.079*** (0.005)	0.078*** (0.005)	0.077*** (0.00470)	0.078*** (0.005)
清算价值比率	0.152*** (0.021)	0.150*** (0.021)	0.154*** (0.021)	0.153*** (0.021)
流动比率	0.045*** (0.002)	0.045*** (0.002)	0.045*** (0.002)	0.045*** (0.002)
资产负债率	0.003*** (0.0002)	0.003*** (0.0002)	0.003*** (0.0002)	0.003*** (0.0002)
总资产报酬率	0.002*** (0.0004)	0.002*** (0.0004)	0.002*** (0.0004)	0.002*** (0.0004)
资产周转率	-0.073*** (0.009)	-0.071*** (0.009)	-0.072*** (0.009)	-0.072*** (0.009)
托宾 Q	0.004*** (0.001)	0.004** (0.001)	0.003** (0.001)	0.003** (0.001)
主营业务增长率	-0.007*** (0.002)	-0.007*** (0.002)	-0.005*** (0.002)	-0.005*** (0.002)
企业年龄	-0.002* (0.001)	-0.0007 (0.001)	-0.0002 (0.001)	-0.0001 (0.001)
常数项	-1.058*** (0.066)	-1.020*** (0.062)	-1.022*** (0.057)	-1.018*** (0.073)
观测值	16837	16837	16837	16837
行业效应	控制	控制	控制	控制

注：政府干预、金融发展、法制化数据来源于《中国分省份市场化指数报告（2016）》。政府干预为反向变量，数值越大，政府干预程度越低。*、**、*** 分别代表 10%、5% 和 1% 的显著性水平。

综上所述，引入制度变量后，国有企业和民营企业的信贷期限结构仍存在显著差异，这支持了信贷资源存在“信贷期限结构差异”的结论，国有企业相比民营企业能够获得更多的长期借款。地区政府干预程度和金融发展水平的提高对二者之间的信贷期限结构差异不存在显著影响，但地区法制化水平的提高可以使二者之间的信贷期限结构差异显著减小，使“信贷期限结构差异”得到改善。

三、制度环境、企业产权性质与信贷融资成本

表7－5是制度环境、企业产权性质与信贷融资成本的实证结果，检验方法同表7－2，第（1）（2）（3）列分别将政府干预、金融发展、法制化水平放入模型，第（4）列将上述变量同时放入模型。实证结果表明：①引入制度环境变量后，企业产权性质的系数仍然显著为负，在1%的水平上显著，表明引入制度变量后，国有企业和民营企业的信贷融资成本仍然存在显著差异，相较国有企业，民营企业获取信贷资源的实际利息率更高，这支持了信贷资源在所有制层面存在“信贷融资成本差异”的结论。②政府干预与企业产权性质交互项的系数显著为负，系数为－0.008，在1%的水平上显著。政府干预为反向变量，数值越大表明政府干预程度越低。显著负相关系数表明政府干预数值越大，地区政府干预程度越低，国有企业和民营企业获取信贷融资成本的差异越小，信贷资源融资成本歧视会得到改善；而政府干预程度高的地区，国有企业和民营企业的信贷融资成本差异会得到强化。③金融发展与企业产权性质交互项的系数显著为正，系数为0.010，在1%的水平上显著，表明地区金融发展程度的提升，可以使得国有企业和民营企业获取信贷资源的实际利息率差异显著下降，有效改善信贷资源配置“融资成本差异”。④法制化水平与企业产权性质交互项的系数显著为正，系数为0.003，在1%的水平上显著，表明地区法制化水平的提高，可以显著缩小国有企业和民营企业信贷融资成本差异，使国有企业和民营企业实际利息率差异减小，有效改善信贷资源在所有制层面的“信贷融资成本差异”。第（4）列将三个变量同时放入模型也依然支持上述结论。控制变量的系数方向与显著性与第五章基础回归表5－12相比，并未发生变化。

表 7-5　制度环境、企业产权性质与信贷融资成本

变量	(1)	(2)	(3)	(4)
	政府干预	金融发展	法制化水平	三个变量
企业产权性质	-0.005***	-0.005***	-0.005***	-0.005***
	(0.001)	(0.001)	(0.001)	(0.001)
政府干预	0.008***			0.007***
	(0.0006)			(0.0006)
政府干预×企业产权性质	-0.008***			-0.006***
	(0.0007)			(0.0007)
金融发展		-0.006***		-0.005***
		(0.0006)		(0.0006)
金融发展×企业产权性质		0.010***		0.007***
		(0.0005)		(0.0007)
法制化水平			-0.002***	-0.0006*
			(0.0002)	(0.0003)
法制化水平×企业产权性质			0.003***	0.001***
			(0.0003)	(0.0004)
企业总资产	-0.004***	-0.002***	-0.003***	-0.003***
	(0.0007)	(0.0007)	(0.0007)	(0.0007)
清算价值比率	0.042***	0.042***	0.041***	0.043***
	(0.003)	(0.003)	(0.003)	(0.003)
流动比率	0.003***	0.003***	0.003***	0.003***
	(0.0002)	(0.0002)	(0.0002)	(0.0002)
资产负债率	0.0002***	0.0002***	0.0002***	0.0002***
	(0.00003)	(0.00003)	(0.00003)	(0.00003)
总资产报酬率	-0.00006	-0.0001*	-0.00007	-0.00008
	(0.00006)	(0.0001)	(0.00006)	(0.0001)
资产周转率	-0.001	6.35e-05	-0.0005	-0.0004
	(0.001)	(0.001)	(0.001)	(0.001)
托宾 Q	-0.0004*	0.0001	-0.00008	0.00009
	(0.0002)	(0.0002)	(0.0002)	(0.0002)
主营业务增长率	-0.0005**	-0.0009***	-0.000671***	-0.001***
	(0.0002)	(0.0002)	(0.0002)	(0.0002)

续表

变量	(1)	(2)	(3)	(4)
	政府干预	金融发展	法制化水平	三个变量
企业年龄	-0.004***	-0.005***	-0.004***	-0.004***
	(0.0002)	(0.0002)	(0.0002)	(0.0002)
经济增速	-0.002***	-0.002***	-0.002***	-0.002***
	(0.0002)	(0.0002)	(0.0002)	(0.0002)
常数项	0.077***	0.190***	0.145***	0.130***
	(0.009)	(0.009)	(0.008)	(0.011)
观测值	20104	20104	20104	20104
行业效应	控制	控制	控制	控制

注：政府干预、金融发展、法制化数据来源于《中国分省份市场化指数报告（2016）》。政府干预为反向变量，数值越大，政府干预程度越低。*、**、***分别代表10%、5%和1%的显著性水平。

综上所述，引入制度变量后，国有企业和民营企业的信贷融资成本仍存在显著差异，这支持了信贷资源存在“信贷融资成本差异”的结论，民营企业获取信贷资源的融资成本显著高于国有企业。地区政府干预程度下降、金融发展程度和法制化水平的提高可以显著缩小国有企业和民营企业信贷融资成本差异，使国有企业和民营企业实际利息率差异减小，有效改善信贷资源在所有制层面的“信贷融资成本差异”。

第五节　稳健性检验

为了检验结论的稳健性，本章对实证结果进行稳健性检验。首先，使用替换变量进行稳健性检验。使用“政府支出占GDP的比重”替换政府干预变量，该变量为正向指标，数值越大，表明政府干预程度越高；使用“各省份五大银行经营机构、员工人数、总资产的比重”替换金融发展水平变量，该变量为反向指标，数值越大，表明金融业集中程度越高，地区金融发展水平越低。其次，为了应对国际金融危机，我国央行的“四万亿刺激计划”使得2009年、2010年的信贷增速畸高。为避免特殊年份数据的影响，将2009年和2010年数据剔除后重新进行检验。

表7-6为替换政府干预和金融发展变量后的稳健性检验结果，表7-7为剔除特殊年份数据的稳健性检验结果。稳健性检验的结果与本章实证结果相同，引入制度变量后，结果依然支持国有企业和民营企业间信贷资源存在“配置规模差异”“信贷期限结构差异”“信贷融资成本差异”的结论；金融发展和法制化水平的提高可以有效改善国有企业和民营企业的信贷资源“配置规模差异”，地区法制化水平的提高可以改善“信贷期限结构差异”；政府干预程度下降、金融发展和法制化水平的提高则可以使“信贷融资成本差异”得到显著改善。

表7-6　稳健性检验一：替换变量

变量	(1)	(2)	(3)	(4)
	总借款规模	长期负债比率	信贷期限结构	信贷融资成本
企业产权性质	0.316*** (0.048)	0.005*** (0.002)	0.020** (0.009)	-0.006*** (0.001)
政府干预	0.027*** (0.005)	0.0004** (0.0002)	0.002** (0.0009)	0.00007 (0.0001)
政府干预×企业产权性质	-0.018 (0.005)	-0.0003 (0.0002)	-0.002** (0.001)	0.0003* (0.0002)
金融发展	-0.956*** (0.335)	-0.009 (0.015)	0.042 (0.074)	0.055*** (0.011)
金融发展×企业产权性质	1.710*** (0.356)	0.063*** (0.016)	-0.025 (0.080)	-0.137*** (0.012)
法制化水平	-0.015 (0.009)	-0.0007* (0.0004)	-0.003* (0.002)	-0.00002 (0.0003)
法制化水平×企业产权性质	-0.002 (0.012)	-0.001*** (0.0005)	-0.005* (0.003)	0.0006* (0.0004)
企业总资产			0.075*** (0.005)	-0.002*** (0.0007)

续表

变量	(1)	(2)	(3)	(4)
	总借款规模	长期负债比率	信贷期限结构	信贷融资成本
清算价值比率	-0.344*** (0.091)	0.041*** (0.004)	0.152*** (0.024)	0.041*** (0.003)
流动比率	-0.322*** (0.007)	0.004*** (0.0002)	0.045*** (0.002)	0.003*** (0.0002)
资产负债率		0.002*** (0.00004)	0.003*** (0.0002)	0.0002*** (0.00003)
总资产报酬率	0.001 (0.002)	0.0004*** (0.00008)	0.002*** (0.0004)	-0.001 (0.00006)
资产周转率	-0.544*** (0.037)	-0.036*** (0.002)	-0.073*** (0.009)	-0.0006 (0.001)
托宾 Q	-0.165*** (0.006)	-0.001*** (0.0002)	0.003* (0.001)	0.0004** (0.0002)
主营业务增长率	0.079*** (0.007)	0.0002 (0.0003)	-0.004** (0.002)	-0.001*** (0.0002)
企业年龄	0.108*** (0.007)	0.0006** (0.0003)	-0.0002 (0.002)	-0.006*** (0.0002)
经济增速	0.012** (0.005)	0.0007*** (0.0002)	0.003*** (0.001)	-0.002*** (0.0002)
常数项	9.657*** (0.298)	-0.049*** (0.012)	-1.054*** (0.080)	0.114*** (0.012)
观测值	16787	20033	16777	20033
行业效应	控制	控制	控制	控制

注：数据来源于《中国分省份市场化指数报告（2016）》和 Wind 数据库。政府干预的替换变量为政府支出占 GDP 比重；金融发展水平的替换变量为工农中建交五大行资产的集中度，反向指标。*、**、***分别代表 10%、5% 和 1% 的显著性水平。

表 7-7　稳健性检验二：剔除特殊年份数据

变量	(1)	(2)	(3)	(4)
	总借款规模	长期负债比率	信贷期限结构	信贷融资成本
企业产权性质	0.303*** (0.050)	0.006*** (0.002)	0.020** (0.009)	-0.004*** (0.001)

续表

变量	(1)	(2)	(3)	(4)
	总借款规模	长期负债比率	信贷期限结构	信贷融资成本
政府干预	0.033 (0.022)	-0.0008 (0.0008)	-0.003 (0.004)	0.002*** (0.0005)
政府干预×企业产权性质	-0.037 (0.025)	0.001 (0.001)	0.004 (0.005)	-0.002*** (0.0006)
金融发展	0.154*** (0.022)	0.002** (0.0009)	-0.007 (0.005)	-0.007*** (0.0006561)
金融发展×企业产权性质	-0.127*** (0.022)	-0.001 (0.001)	0.005 (0.005)	0.008*** (0.0006)
法制化水平	-0.020* (0.011)	-0.0003 (0.0004)	-0.0004 (0.002)	0.004*** (0.0003)
法制化水平×企业产权性质	-0.002 (0.013)	-0.002*** (0.0006)	-0.007** (0.003)	0.002*** (0.0004)
企业总资产			0.078*** (0.005)	-0.003*** (0.0006)
清算价值比率	-0.341*** (0.097)	0.040*** (0.004)	0.156*** (0.022)	0.042*** (0.003)
流动比率	-0.336*** (0.007)	0.003*** (0.0002)	0.046*** (0.002)	0.003*** (0.0001)
资产负债率		0.002*** (0.00004)	0.003*** (0.0002)	0.0002*** (0.00003)
总资产报酬率	0.001 (0.002)	0.0004*** (0.00008)	0.002*** (0.0004)	-0.00004 (0.00005)
资产周转率	-0.546*** (0.039)	-0.035*** (0.002)	-0.072*** (0.009)	0.001 (0.001)
托宾Q	-0.165*** (0.006)	-0.001*** (0.0002)	0.003* (0.002)	-0.001*** (0.0002)
主营业务增长率	0.078*** (0.008)	0.0004 (0.0003)	-0.003* (0.002)	0.0001 (0.0002)
企业年龄	0.110*** (0.006)	0.0003 (0.0003)	0.0008 (0.002)	-0.003*** (0.0002)

续表

变量	(1)	(2)	(3)	(4)
	总借款规模	长期负债比率	信贷期限结构	信贷融资成本
经济增速	0.023***	0.0008***	0.003***	-0.0007***
	(0.005)	(0.0002)	(0.001)	(0.0002)
常数项	7.930***	-0.058***	-0.983***	0.131***
	(0.304)	(0.012)	(0.075)	(0.009)
观测值	15535	18631	15525	18631
行业效应	控制	控制	控制	控制

注：政府干预、金融发展、法制化数据来源于《中国分省份市场化指数报告（2016）》。政府干预为反向变量，数值越大，政府干预程度越低。*、**、***分别代表10%、5%和1%的显著性水平。

第六节 本章结论

制度变迁理论的建立者诺思（1990、1999）认为，制度约束人的行为，影响资源配置效率，是影响各国经济增长和经济发展的最重要因素。本章在第5章信贷资源配置所有制差异模型的基础上，引入政府干预、金融发展、法制化水平三个制度变量，实证检验制度环境变量对信贷资源配置所有制差异的影响，实证结果表明：①引入制度变量后，企业产权性质与总借款规模、长期负债比率、信贷期限结构仍呈显著正相关关系，与信贷融资成本呈显著负相关关系，表明国有企业和民营企业间信贷资源配置存在显著差异，支持我国信贷资源在所有制层面存在“配置规模差异”“信贷期限结构差异”“信贷融资成本差异”的结论。②政府干预、金融发展、法制化水平对信贷规模差异、信贷期限结构差异、信贷融资成本差异的影响并不相同。金融发展和法制化水平的提高可以有效改善国有企业和民营企业的信贷资源“配置规模差异”，地区法制化水平的提高可以改善“信贷期限结构差异”；政府干预程度下降、金融发展和法制化水平的提高则可以使

"信贷融资成本差异"得到显著改善。

政府干预程度下降、金融发展和法制化水平的提高可以改善信贷资源配置所有制差异，原因可能在于随着金融发展和法制化水平的提高，银行将会更加严格地审查企业的贷款申请，设立更严格的贷款条款，严格执行贷款契约。银行将按照市场化运作的原则对经营绩效更高、成长能力更强的民营企业进行深入调查与分析，从而放松对民营企业过于苛刻的贷款条件，并且为之提供较长期限的贷款资源，使国有企业和民营企业间的信贷资源配置所有制差异得到有效改善。但在政府干预程度较高的地区，这一改善作用会被削弱，原因在于政府干预会使信贷资源配置处于低效率状态，政府干预使得经济上更有效率的民营企业无法得到合适的信贷资源配置。当政府干预成为信贷资源配置的主要手段时，银行没有动力提升自身的贷款评估技术，企业没有动力提升自身经营能力和创新能力，因此在政府干预程度较高的地区，银行信贷资源向国有企业倾斜成为应对政府干预的一种次优选择，这是制度环境不完善的结果。

综上所述，随着制度环境的改善——政府干预程度下降、金融发展和法制化水平的提高，银行和企业间，尤其是银行和民营企业间的信息不对称将会得到缓解。随着银行业市场化程度的提高，银行业自主经营能力的增强，银行将按照市场化机制对企业进行审查和评估，从而使国有企业和民营企业在信贷资源配置规模和期限结构上的差异减小，信贷资源配置所有制差异得到改善。银行对国有企业的信贷偏好在特定制度环境下并非是完全无效率的，而是应对特定制度环境的一种次优选择。改善国有企业和民营企业间的信贷资源配置差异，应当注重进一步改善社会制度环境。

第八章
结　论

第一节　基本结论

本书对我国银行信贷资源配置中的所有制差异问题进行了研究。文章的思路为首先分析我国国有企业和民营企业的发展与融资情况、中央及各级政府对民营企业融资问题的关注以及搜集整理前期学者的研究文献，在此基础上整理本文研究的理论基础和相关概念，提出本文的研究重点——信贷资源配置的所有制差异问题。本书致力于解决三个问题：第一，我国信贷资源配置是否存在所有制差异。对于这一问题，前期的学者并未给出一致的结论。本书认为，厘清这一问题是本文研究的基础。如果不存在信贷资源配置所有制差异，国有企业和民营企业间无显著的信贷资源配置差异，那么解决民营企业的融资难题就不应着眼于企业的产权性质问题；如果存在信贷资源配置所有制差异问题，国有企业和民营企业间存在显著的信贷资源配置差异，那么解决民营企业的融资难题就应从企业的产权性质出发，致力于消除不同产权企业在经济运行中的待遇差异，改善民营企业的发展经营环境。第二，信贷资源配置是影响实体经济资源配置的主导因素，货币政策是影响信贷分配的重要外生冲击。在我国，银行信贷渠道是货币政策在经济中传播的主要渠道。那么，货币政策的宽松或紧缩对信贷资源配置所有制差异会产生怎样的影响以及如何影响宏观经济的发展？厘清这一问题有助于我国货币政策目标和工具的调整，使货币政策的调整有的放矢。第三，根据制度经济学的观点，制度会对经济产生影响甚至可能是影响经济的重要变量。我国国土面积大，不同地区之间不仅经济发展水平不均衡，制度环境也存在较大差别。不同地区的不同制度环境会对信贷资源配置所有制差异产生怎样的影响？厘清这一问题，有助于从制度根源上理解银行差别贷款的原因，为金融下一步的改革提供指导方向。

为解决上述问题，本书使用我国 2007～2017 年 A 股上市公司数据，采用面板数据分析方法进行了实证研究，研究结果表明：

第一，我国存在显著的信贷资源配置所有制差异，即国有企业和民营企业间的信贷资源配置存在显著差异，具体体现在三个层面：信贷资源配置规模差异、信贷期限结构差异、信贷融资成本差异。本书用总借款规模、长期负债比率（单位资产获取的长期借款规模）表示信贷资源规模，长期借款在总借款中的比重表示信贷期限结构，实际利息率（利息支出除以企业总负债）表示融资成本，据此实证检验国有企业和民营企业的信贷资源配置差异。结果表明，国有企业和民营企业在三个层面均存在显著差异，即相比民营企业，国有企业能够获得更多的信贷融资和更长的信贷期限，且获取信贷资源的实际融资成本更低。

第二，宽松的货币政策使得国有企业和民营企业间信贷配置规模差异、信贷期限结构差异、信贷融资成本差异进一步加大，加剧了信贷配置规模差异、信贷期限结构差异、信贷融资成本差异；紧缩的货币政策使得国有企业和民营企业的信贷配置差异缩小。宽松货币政策会强化信贷资源配置所有制差异，原因可能在于国有企业相比民营企业而言，与商业银行的关系更紧密、更近，与银行的交易不存在时滞问题。如果中央银行调整的货币政策通过信贷渠道传导时，与商业银行关系更紧密的国有企业受到的影响更大。因此，货币政策不仅具有熨平短期经济波动的功能，还具有调节信贷资源总量以及信贷资源在不同产权企业间配置结构的作用。

第三，制度环境变量对信贷资源配置所有制差异存在显著影响。政府干预、金融发展、法制化水平对信贷规模差异、信贷期限结构差异、信贷融资成本差异的影响并不相同。金融发展和法制化水平的提高可以有效改善国有企业和民营企业的信贷资源配置规模差异，地区法制化水平的提高可以改善信贷期限结构差异；政府干预程度下降、金融发展和法制化水平的提高则可以使信贷融资成本差异得到显著改善。政府干预程度下降、金融发展和法制化水平的提高可以改善信贷资源配置所有制差异，原因可能在于随着金融发展和法制化水平的提高，银行将会更加严格地审查企业的贷款申请，制定更严格的贷款条款，严格执行贷款契约。银行将按照市场化运作的原则对经营绩效更高、成长能力更强的民营企业进行深入调查与分析，从而放松对民营企业过于苛刻的贷款条件，并且提供较长期限的贷款资源，使得国有企业和民营企业间的信贷资源配置所有制差异得到有效改善。但在政府干预程度较高的地区，这一改善作用会被削弱，原因在于政府干预会使信贷资源配置处于低效率状态，政府干预使得经济上更有效率的民营企业无法得到合适的信贷资源。当政府干预成为信贷资源配置的主要手段时，银行没有动力提升自身的贷款评估技术，企业没有动力提升自身经营能力和创新能力，因此在政府干预程度较高的地区，银行向国有企业倾斜成为应对政府干预的一种次优选择，这是制度环境不完善的结果。

第二节　政策建议

我国信贷资源配置是否存在所有制差异，即民营企业和国有企业的信贷资源配置是否存在显著差异，是政府部门和学者们共同关注的话题。2018 年 10 月 20 日《习近平给“万企帮万村”行动中受表彰的民营企业家的回信》中指出，“民营企业蓬勃发展，民营经济从小到大、由弱变强，在稳定增长、促进创新、增加就业、改善民生等方面发挥了重要作用，成为推动经济社会发展的重要力量”，“支持民营企业发展，是党中央的一贯方针，这一点丝毫不会动摇”。近年来，金融资源的产权错配导致信贷资源配置的效率低下。因此，对国有企业和民营企业的信贷资源配置进行结构性调整，优化金融资源配置，提高信贷资源配置效率是激发民营经济活力，推动民营经济健康发展，推动中国经济向高质量发展阶段迈进的重要举措。从本书的分析来看，改善金融资源的产权错配，可以从以下几个方面推进。

第一，打破信贷资源配置在国有企业与民营企业间的偏好与歧视。首先，坚持“毫不动摇地巩固和发展公有制经济，毫不动摇地鼓励、支持、引导非公有制经济发展”的重大方针。国有企业是我国经济的重要支柱，而民营企业是经济中最有活力的经济主体，我们应该打破信贷资源配置在融资规模、期限结构和融资成本上的差异。其次，深化市场化原则在信贷资源配置中的作用，发挥其在资源配置中的决定性作用。银行进行信贷资源配置应按照自身利润最大化原则，根据借款人的资产规模、盈利能力、还款来源、项目风险等条件确定是否发放贷款、发放多少贷款及贷款价格，而不应着眼于企业的产权性质，对国有企业和民营企业进行区别对待。银行应一视同仁、平等对待国有企业和民营企业，使二者保持平等市场地位。构建平等竞争、健康发展的信贷融资市场，提升信贷资源配置效率，大力支持实体经济发展，促进经济转向高质量发展阶段。

第二，有效提升民营企业自身经营素质，提高民营企业融资可获得性。信贷配给理论认为，信贷市场上银行和借款者之间的信息不对称会导致信贷配给存在，即银行在无法得知借款者确切风险状况的情况下，对借款者的信贷需求进行限制或者实施限额配给，因此应从提高民营企业的信息透明度入手，缓解银行与民营企业间的信息不对称，降低民营企业的信贷违约风险，提升其获得融资的可能性。首先，适当增资，扩大企业的资产规模。根据实证结果，企业规模可以有效提升企业的信贷融资。民营企业的资产规模扩大，民营企业可供抵押的资产价值也会相应提升，企业的变现能力强，民营企业获取信贷资源的信用风险也会降低。比如大规模企业的偿债能力强，当企业无法偿还银行信贷时，企业的破产风险低。其次，提升民营企业的经营效率，保障其还款能力。商业银行对企业发放贷款时，企业还款能力是重要的评审条件之一。在既定的资产规模下，民营企业应根据其所处的发展周期、行业环境，提升企业经营效率。较高的经营效率代表企业稳定的资金流和较高的还款能力，高资产周转率代表企业各项资产的利用效率高，空置资产低，有利于提升企业的销售收入和利润，增强企业的还款能力。第三，民营企业应积极提升自身的信用水平，主动公开自身财务信息，增加市场信用记录，通过信息透明和开诚布公降低信贷资源配置中的逆向选择和道德风险的概率，提升自身获取信贷资源的概率。

第三，进一步深化改革银行体系，大力发展金融市场，拓宽企业的融资渠道。当前，我国经济已转入高质量发展阶段。商业银行体系的不良贷款规模和不良贷款率逐年上升，因此银行业避险情绪上升。信贷资源更偏好国有企业是其表现形式之一。首先，以商业银行为主的金融机构代表的是传统的金融发展模式，它们偏好风险低收益高的项目。我国应进一步对国有银行为主的银行体系进行深化改革，使之在信贷资源配置过程中对国有产权和民营产权一视同仁，不对民营产权企业设置歧视性的条款。通过中央银行和银保监会等金融监管部门对银行的考核推进银行业的深化改革。监管条款和内容应包括但不限于信贷户数和信贷规模的并重，差异化和针对性的贷款配置；在专门的产业和行业层面设置专门的信贷政策，通过专项评价机制和绩效考核制度有效提升民营企业的融资可获得性。其次，大力发展金融市场，推进企业的股权融资和债券融资，发展更多由市场主导的融资模式，拓宽企业的融资渠道；同时注重激发民间投资，民间投资不足与信贷资源被过多地配置于国有企业是民营企业融资难题的不同表现。将民间储蓄转化为投资，是推动民营经济发展的重要手段之一。

第四，加强政策沟通与协调，尤其是要注重货币政策的调整。货币政策不仅具有熨平短期经济波动的功能，还具有调节信贷资源总量以及信贷资源在不同产权企业间配置结构的作用。传统的宏观经济学将货币政策的功能定位为熨平短期经济波动。这对于欧美等发达的经济体而言是可行的，对于我国这种处于完善和改革进程中、金融摩擦相对严重的经济体则是不完全可行的。我国货币政策的目标函数，应当将调节经济中的结构性问题，尤其是国有企业和民营企业间的结构性资源配置问题包括在内。推动信贷资源在国有企业和民营企业间的合理配置，需要加强银行等金融机构与货币政策当局的沟通，以提升货币政策宏观调控的有效性。在较为宽松的宏观政策环境下，金融资源被过多地配置到资产周转率和增加值率较低的企业，是近年来企业部门杠杆率猛增的主要原因，形成这一问题的深层次机制则是金融资源的产权错配。我国应加大金融业供给侧改革力度，提高金融资源的配置能力，改善整个企业部门的经营能力，而不仅仅是关注微观企业的产权性质和负债率。

第五，进一步完善制度环境，通过制度环境的提升改善信贷资源配置所有制差异的程度。进一步提升金融发展和法制化水平，减轻政府干预的程度，充分发挥金融发展和法制化水平对信贷资源配置所有制差异的改善效应。减轻政府干预的程度，有效减轻国有企业冗员问题和工人的退休、养老保险、子女教育等政策性负担，降低国有企业的生产成本，打破政府与国有企业间的政治关联；推动政府职能的转变，提高政府行政效率，全面推行行政许可和公共服务标准化，为民营企业的发展“松绑解套”。提升金融发展和法制化水平，要进一步深化金融体制改革，提升经济社会的法制化水平，落实金融为实体经济服务的既定政策。鼓励金融机构向民营企业和中小微企业倾斜，开发更多适合民营企业和中小微企业的金融产品，推动民营经济和自身的良性循环。

第六，重新审视我国现阶段经济结构调整、经济缺乏新的增长点、企业杠杆率高等问题。发达国家之所以发达是由于其资本配置效率明显较发展中国家高，即发展中国家在更大程度上滥用了资金，资本配置效率低下。我国经济仍处于完善和改革进程中，金融摩擦相对严重，应注重经济中的结构性问题，从根本上消除信贷资源层面的所有制差异，以信贷资源的优化配置带动资本、人力、自然资源的有效配置，提升资源的配置效率，提高我国企业生产率和国民收入。

参考文献

[1] 巴曙松，何雅婷，曾智．货币政策、银行竞争力与流动性创造［J］．经济与管理研究，2016，37（12）：45－56.

[2] 巴曙松，刘孝红，牛播坤．转型时期中国金融体系中的地方治理与银行改革的互动研究［J］．金融研究，2005（5）：25－37.

[3] 白俊，连立帅．信贷资金配置差异：所有制歧视抑或禀赋差异？［J］．管理世界，2012（06）：30－42＋73.

[4] 白钦先．建立面向21世纪的金融可持续发展观［J］．城市金融论坛，1998（08）：2－10.

[5] 卞志村，杨全年．中国货币政策效应的区域性配给均衡分析［J］．金融研究，2010（09）：34－50.

[6] 曹凤岐，杨乐．银行信贷调配与区域经济增长［J］．金融研究，2014（06）：50－66.

[7] 曹玉书，楼东玮．资源错配、结构变迁与中国经济转型［J］．中国工业经济，2012（10）：5－18.

[8] 陈刚，李树．金融发展与增长源泉：要素积累、技术进步与效率改善［J］．南方经济，2009（05）：24－35.

[9] 陈强．高级计量经济学及stata应用［M］．北京：高等教育出版社，2014.

［10］陈全功，程蹊．信息不对称与民营中小企业融资方式的选择［J］．华中科技大学学报（社会科学版），2004（01）：104－108.

［11］陈雨露，马勇．地方政府的介入与农信社信贷资源错配［J］．经济理论与经济管理，2010（04）：19－24.

［12］程承坪，邱依婷．所有制歧视的政治经济学分析——兼论国有企业混合所有制改革［J］．学习与探索，2016（04）：101－107.

［13］程海波，于蕾，许治林．资本结构、信贷约束和信贷歧视：上海非国有中小企业的案例［J］．世界经济，2005（08）：69－74.

［14］程六兵，王竹泉．信贷歧视与银行股份制改革——基于借款逾期公司的经验证据［J］．财经研究，2015，41（06）：82－93.

［15］戴静，张建华．金融所有制歧视、所有制结构与创新产出——来自中国地区工业部门的证据［J］．金融研究，2013（05）：86－98.

［16］邓超，敖宏，胡威，王翔．基于关系型贷款的大银行对小企业的贷款定价研究［J］．经济研究，2010，45（02）：83－96.

［17］邓鸿勋．关于国有企业“三年走出困境”的思考［J］．管理世界，1997（6）：1－9.

［18］邓路，刘瑞琪，廖明情．宏观环境、所有制与公司超额银行借款［J］．管理世界，2016（09）：149－160.

［19］邓路，谢志华，李思飞．民间金融、制度环境与地区经济增长［J］．管理世界，2014（03）：31－40＋187.

［20］丁丹．转型视角下我国信贷配给对经济增长的影响研究［D］．辽宁大学，2018.

［21］樊纲．明确产权、平等竞争：——非公有经济的发展与管理［J］．管理现代化，1993（05）：14－17.

［22］方军雄．所有制、制度环境与信贷资金配置［J］．经济研究，2007（12）：82－92.

［23］方军雄．民营上市公司，真的面临银行贷款歧视吗？［J］．管理世界，

2010（11）：123－131.

［24］冯巨章．产权、管理与企业绩效［J］．中国工业经济，2003（05）：55－62.

［25］耿嘉良．强化监管对银行服务实体经济影响的实证研究——基于信贷供给的视角［J］．金融监管研究，2018（12）：70－82.

［26］苟琴，黄益平．我国信贷配给决定因素分析——来自企业层面的证据［J］．金融研究，2014（8）：1－17.

［27］苟琴，黄益平，刘晓光．银行信贷配置真的存在所有制歧视吗?［J］．管理世界，2014（1）：16－26.

［28］顾海峰．信贷配给、银保协作与银行信贷效率改进——基于信贷效用熵的分析视角［J］．经济与管理研究，2013（04）：81－87.

［29］郭红兵，陈平．中国货币政策的工具规则和目标规则——“多工具，多目标”背景下的一个比较实证研究［J］．金融研究，2012（08）：29－43.

［30］郭娜．政府？市场？谁更有效——中小企业融资难解决机制有效性研究［J］．金融研究，2013（03）：194－206.

［31］郭鹏飞，孙培源．资本结构的行业特征：基于中国上市公司的实证研究［J］．经济研究，2003（5）：66－73.

［32］韩剑，郑秋玲．政府干预如何导致地区资源错配——基于行业内和行业间错配的分解［J］．中国工业经济，2014（11）：69－81.

［33］韩立岩，蔡红艳．我国资本配置效率及其与金融市场关系评价研究［J］．管理世界，2002（01）：65－70.

［34］韩朝华．明晰产权与规范政府［J］．经济研究，2003（02）：18－26＋92.

［35］［荷］阿诺德·赫特杰主编，［美］约瑟夫·E. 斯蒂格利茨（J. E. Stiglitz）等．政府为什么干预经济［M］．北京：中国物资出版社，1998.

［36］何德旭，王朝阳．中国金融业高增长：成因与风险［J］．财贸经济，

2017, 38 (07): 16 -32.

[37] 何靖. 政治关系、金融发展和民营信贷成本歧视 [J]. 山西财经大学学报, 2011, 33 (06): 36 -45.

[38] 何韧, 刘兵勇, 王婧婧. 银企关系、制度环境与中小微企业信贷可得性 [J]. 金融研究, 2012 (11): 103 -115.

[39] 胡峰. 我国国有企业产权制度改革的思考 [J]. 长春市委党校学报, 2002 (05): 29 -31.

[40] 贾蜀苇. 信息问题、银行结构与信贷市场"沉默螺旋"配置效应 [J]. 云南财经大学学报, 2006 (06): 39 -43.

[41] 蒋三庚, 王莉娜. 银行竞争与银行业风险——基于我国284个城市的证据 [J]. 河北经贸大学学报, 2018, 39 (05): 45 -55.

[42] 江曙霞, 刘忠璐. 资本质量会影响银行贷款行为吗? [J]. 金融研究, 2016 (12): 63 -77.

[43] 江伟, 李斌. 制度环境、国有产权与银行差别贷款 [J]. 金融研究, 2006 (11): 116 -126.

[44] 江伟, 姚文韬. 《物权法》的实施与供应链金融——来自应收账款质押融资的经验证据 [J]. 经济研究, 2016, 51 (01): 141 -154.

[45] 江伟, 曾业勤. 金融发展、产权性质与商业信用的信号传递作用 [J]. 金融研究, 2013 (6): 89 -103.

[46] 靳来群. 所有制歧视还是规模歧视? ——基于资本错配程度的比较 [J]. 现代经济探讨, 2017 (12): 8 -14.

[47] 靳来群. 所有制歧视下金融资源错配的两条途径 [J]. 经济与管理研究, 2015, 36 (07): 36 -43.

[48] 靳来群. 所有制歧视所致金融资源错配程度分析 [J]. 经济学动态, 2015 (06): 36 -44.

[49] 靳来群, 林金忠, 丁诗诗. 行政垄断对所有制差异所致资源错配的影响 [J]. 中国工业经济, 2015 (04): 31 -43.

[50] 靳庆鲁，孔祥，侯青川．货币政策、民营企业投资效率与公司期权价值［J］．经济研究，2012，47（05）：96－106.

[51] 鞠市委．我国金融资源错配及其影响研究［J］．技术经济与管理研究，2016（07）：80－87.

[52] 康立．中国民营经济融资困境的理论解析及政策出路［J］．财贸研究，2004（04）：42－48.

[53] 李广子，刘力．债务融资成本与民营信贷歧视［J］．金融研究，2009（12）：137－150.

[54] 李海海，邓柏冰．货币政策对上市公司资本结构的影响——基于行业的比较研究［J］．中央财经大学学报，2014（11）：39－45.

[55] 李健，陈传明．企业家政治关联、所有制与企业债务期限结构——基于转型经济制度背景的实证研究［J］．金融研究，2013（03）：157－169.

[56] 李静，彭飞，毛德凤．企业金融资源配置：禀赋差异抑或所有制歧视［J］．南方经济，2013（06）：49－61.

[57] 李懋，柳银军，龙小宁，井润田．所有制类型对我国企业借贷成本的影响及民营企业的应对措施［J］．管理评论，2009，21（09）：77－85＋107.

[58] 李明辉，孙莎，刘莉亚．货币政策对商业银行流动性创造的影响——来自中国银行业的经验证据［J］．财贸经济，2014（10）：50－60.

[59] 黎齐．货币政策、利率市场化与信贷资源错配——基于非平等市场地位的信贷市场资金供给平衡模型［J］．金融经济学研究，2016，31（02）：3－13.

[60] 李青原，李江冰，江春，Kevin X. D. Huang. 金融发展与地区实体经济资本配置效率——来自省级工业行业数据的证据［J］．经济学（季刊），2013，12（02）：527－548.

[61] 李四海，邹萍，宋献中．货币政策、信贷资源配置与金融漏损——来自我国上市公司的经验证据［J］．经济科学，2015（03）：77－88.

[62] 李文豪．我国银行经营绩效评价标准对信贷配给程度的影响［J］．金

融研究，2006（10）：82－89.

［63］李欣泽，刘芳，李成友，白彩全．金融发展优化了部门间资源错配程度吗？——来自1986～2015年中国工业部门的研究证据［J］．经济问题，2017（11）：56－63.

［64］厉以宁．发展非公经济亟待解决四大问题［J］．四川党的建设（城市版），2004（07）：15.

［65］廉永辉，张琳．流动性冲击、银行结构流动性和信贷供给［J］．国际金融研究，2015（04）：64－76.

［66］林毅夫，李永军．中小金融机构发展与中小企业融资［J］．经济研究，2001（01）：10－18＋53－93.

［67］林毅夫，李志赟．政策性负担、道德风险与预算软约束［J］．经济研究，2004（02）：17－27.

［68］林毅夫，李志赟．中国的国有企业与金融体制改革［J］．经济学（季刊），2005（03）：913－936.

［69］林毅夫，李周．现代企业制度的内涵与国有企业改革方向［J］．经济研究，1997（03）：3－10.

［70］刘凤朝，沈能．金融发展与技术进步的Geweke因果分解检验及协整分析［J］．管理评论，2007（05）：3－8＋20＋63.

［71］刘汉民．所有制、制度环境与公司治理效率［J］．经济研究，2002（06）：63－68＋95.

［72］刘莉亚，余晶晶．银行竞争对货币政策传导效率的推动力效应研究——利率市场化进程中银行业的微观证据［J］．国际金融研究，2018（03）：57－67.

［73］刘明．信贷配给与货币政策效果非对称性及“阀值效应”分析［J］．金融研究，2006（02）：12－20.

［74］刘瑞明．金融压抑、所有制歧视与增长拖累——国有企业效率损失再考察［J］．经济学（季刊），2011，10（02）：603－618.

［75］刘伟．产权缺陷与伦理冲突［J］．经济理论与经济管理，2000（03）：5－10.

［76］刘伟，李风圣．产权范畴的理论分歧及其对我国改革的特殊意义［J］．经济研究，1997（01）：3－11.

［77］刘伟，李绍荣．所有制变化与经济增长和要素效率提升［J］．经济研究，2001（01）：3－9＋93.

［78］刘小玄．中国转轨经济中的产权结构和市场结构——产业绩效水平的决定因素［J］．经济研究，2003（1）：21－29.

［79］刘小玄，周晓艳．金融资源与实体经济之间配置关系的检验——兼论经济结构失衡的原因［J］．金融研究，2011（02）：57－70.

［80］刘煜辉．中国地区金融生态环境评价［M］．北京：中国金融出版社，2007.

［81］卢峰，姚洋．金融压抑下的法治、金融发展和经济增长［J］．中国社会科学，2004（01）：42－55＋206.

［82］鲁晓东．金融资源错配阻碍了中国的经济增长吗［J］．金融研究，2008（04）：55－68.

［83］陆正飞，祝继高，樊铮．银根紧缩、信贷歧视与民营上市公司投资者利益损失［J］．金融研究，2009（08）：124－136.

［84］伦晓波，杨竹莘，李欣．所有制、对外直接投资与融资约束：基于金融资源错配视角的实证分析［J］．世界经济研究，2018（06）：83－93＋136－137.

［85］罗瑜．我国货币市场与债券市场的传导性分析——商业银行资产配置视角［J］．管理世界，2012（02）：169－170.

［86］罗知，张川川．信贷扩张、房地产投资与制造业部门的资源配置效率［J］．金融研究，2015（07）：60－75.

［87］马光荣，刘明，杨恩艳．银行授信、信贷紧缩与企业研发［J］．金融研究，2014（07）：76－93.

[88] 马君潞，郭牧炫，李泽广．银行竞争、代理成本与借款期限结构——来自中国上市公司的经验证据［J］．金融研究，2013（4）．

[89] 马睿．信贷配给与货币政策效果的“阀值效应”分析［J］．现代商业，2008（26）：53－55.

[90] 马文超，胡思玥．货币政策、信贷渠道与资本结构［J］．会计研究，2012（11）：39－48＋94－95.

[91]［美］诺思（North，D. C.）．经济史中的结构与变迁［M］．陈郁等译．上海：上海三联书店，上海人民出版社，1994.

[92] 穆争社．论信贷配给对宏观经济波动的影响［J］．金融研究，2005（01）：74－81.

[93] 聂辉华，贾瑞雪．中国制造业企业生产率与资源误置［J］．世界经济，2011，34（07）：27－42.

[94] 裴文睿．中国的法治和经济发展［J］．洪范评论，2004（1）．

[95] 钱颖一．激励与约束［J］．经济社会体制比较，1999（5）：7－12.

[96] 钱颖一．市场与法治［J］．经济社会体制比较，2000（3）：1－11.

[97] 邱兆祥，安世友．关于中国银行集中度风险的实证研究［J］．经济与管理研究，2012（04）：79－84.

[98] 饶品贵，姜国华．货币政策、信贷资源配置与企业业绩［J］．管理世界，2013（03）：12－22＋47＋187.

[99] 饶品贵，姜国华．货币政策对银行信贷与商业信用互动关系影响研究［J］．经济研究，2013，48（01）：68－82＋150.

[100] 任建军．信贷配给与区域经济发展［D］．湖南大学，2010.

[101] 任月婷．从信贷配给角度看国有商业银行对中小企业融资问题［J］．现代经济信息，2010（16）：59－60.

[102] 邵挺．金融错配、所有制结构与资本回报率：来自1999～2007年我国工业企业的研究［J］．金融研究，2010（09）：51－68.

[103] 沈永建，徐巍，蒋德权．信贷管制、隐性契约与贷款利率变相市场

化——现象与解释［J］. 金融研究，2018（07）：49－68.

［104］苏冬蔚，曾海舰. 宏观经济因素与公司资本结构变动［J］. 经济研究，2009，44（12）：52－65.

［105］孙大超，王博，Wang Gang. 银行业垄断是导致货币政策抑制中小企业的原因吗［J］. 金融研究，2014（06）：99－114.

［106］孙会霞，陈金明，陈运森. 银行信贷配置、信用风险定价与企业融资效率［J］. 金融研究，2013（11）：55－67.

［107］孙伍琴，朱顺林. 金融发展促进技术创新的效率研究——基于 Malmuquist 指数的分析［J］. 统计研究，2008（03）：46－50.

［108］孙铮，刘凤委，李增泉. 市场化程度、政府干预与企业债务期限结构——来自我国上市公司的经验证据［J］. 经济研究，2005（05）：52－63.

［109］田树喜，白钦先. 金融约束、金融倾斜与经济增长——基于中国金融资源配置的经验研究［J］. 上海金融，2012（12）：3－7＋120.

［110］王广谦. 经济发展中金融的贡献与效率［M］. 北京：中国人民大学出版社，1997.

［111］王铭利. 影子银行、信贷传导与货币政策有效性——一个基于微观视角的研究［J］. 中国软科学，2015（04）：173－182.

［112］王小鲁，樊纲，余静. 中国分省份市场化指数报告［M］. 北京：社会科学文献出版社，2017.

［113］王义中，陈丽芳，宋敏. 中国信贷供给周期的实际效果：基于公司层面的经验证据［J］. 经济研究，2015，50（01）：52－66.

［114］王珏，骆力前，郭琦. 地方政府干预是否损害信贷配置效率？［J］. 金融研究，2015（04）：99－114.

［115］王宇伟，盛天翔，周耿. 宏观政策、金融资源配置与企业部门高杠杆率［J］. 金融研究，2018（01）：36－52.

［116］王朝才. 我国经济“新常态”下的财政改革［J］. 财政科学，2016（03）：2.

［117］王振山．金融效率论—金融资源优化配置的理论与实践［M］．北京：经济管理出版社，2000 年．

［118］吴易风．马克思的产权理论与国有企业产权改革［J］．中国社会科学，1995（01）：4 –24.

［119］夏立军，方铁强．政府控制、治理环境与公司价值——来自中国证券市场的经验证据［J］．经济研究，2005（05）：40 –51.

［120］解维敏，方红星．金融发展、融资约束与企业研发投入［J］．金融研究，2011（05）：171 –183.

［121］解维敏，唐清泉，陆姗姗．政府 R&D 资助，企业 R&D 支出与自主创新——来自中国上市公司的经验证据［J］．金融研究，2009（06）：86 –99.

［122］邢毅．经济增长、能源消费和信贷投放的动态关系研究——基于碳排放强度分组的省级面板实证分析［J］．金融研究，2015（12）：17 –31.

［123］邢志平，靳来群．政府干预的金融资源错配效应研究［J］．上海经济研究，2016.

［124］熊启跃，黄宪．资本监管下货币政策信贷渠道的“扭曲”效应研究——基于中国的实证［J］．国际金融研究，2015（01）：48 –61.

［125］徐明东，陈学彬．货币环境、资本充足率与商业银行风险承担［J］．金融研究，2012（07）：489 +50 –62.

［126］徐思远，洪占卿．信贷歧视下的金融发展与效率拖累［J］．金融研究，2016（05）：51 –64.

［127］许伟，陈斌开．银行信贷与中国经济波动：1993—2005［J］．经济学（季刊），2009，8（03）：969 –994.

［128］徐忠．全面理解稳健中性的货币政策［J］．清华金融评论，2017（03）：16 –19.

［129］杨全年，卞志村．中国信贷配给程度及其宏观影响的间接衡量——基于样本分割的阀值回归分析［J］．金融纵横，2009（01）：25 –29.

［130］姚洋，章奇．中国工业企业技术效率分析［J］．经济研究，2001

(10)：13-19+28-95.

[131] 姚余栋，李宏瑾．中国货币政策传导信贷渠道的经验研究：总量融资结构的新证据［J］．世界经济，2013，36（03）：3-32.

[132] 叶康涛，祝继高．银根紧缩与信贷资源配置［J］．管理世界，2009(01)：22-28+188.

[133] 叶宁华，包群．信贷配给、所有制差异与企业存活期限［J］．金融研究，2013（12）：140-153.

[134] 尹志超，钱龙，吴雨．银企关系、银行业竞争与中小企业借贷成本［J］．金融研究，2015（01）：134-149.

[135]［英］罗宾斯（Robbins，L.）．论经济科学的性质与意义［M］．朱泱译．北京：商务印书馆，2000.

[136] 余明桂，潘红波．政府干预、法治、金融发展与国有企业银行贷款［J］．金融研究，2008（9）.

[137] 余明桂，夏新平，邹振松．管理者过度自信与企业激进负债行为［J］．管理世界，2006（08）：104-112+125+172.

[138] 于泽，陆怡舟，王闻达．货币政策执行模式、金融错配与我国企业投资约束［J］．管理世界，2015（09）：52-64.

[139] 曾海舰，苏冬蔚．信贷政策与公司资本结构［J］．世界经济，2010，33（08）：17-42.

[140] 战明华．金融摩擦、货币政策银行信贷渠道与信贷资源的产业间错配［J］．金融研究，2015（05）：1-17.

[141] 战明华，李欢．金融市场化进程是否改变了中国货币政策不同传导渠道的相对效应？［J］．金融研究，2018（05）：20-36.

[142] 战明华，应诚炜．利率市场化改革、企业产权异质与货币政策广义信贷渠道的效应［J］．经济研究，2015，50（09）：114-126.

[143] 战明华，张成瑞，沈娟．互联网金融发展与货币政策的银行信贷渠道传导［J］．经济研究，2018，53（04）：63-76.

［144］张建华，杨小豪．政府干预、金融错配与企业创新——基于制造业上市公司的研究［J］．工业技术经济，2018，37（09）：11－20.

［145］张建华，邹凤明．资源错配对经济增长的影响及其机制研究进展［J］．经济学动态，2015（01）：122－136.

［146］张杰．民营经济的金融困境与融资次序［J］．经济研究，2000（04）：3－10＋78.

［147］张军，金煜．中国的金融深化和生产率关系的再检测：1987—2001［J］．经济研究，2005（11）：34－45.

［148］张敏，张胜，王成方，申慧慧．政治关联与信贷资源配置效率——来自我国民营上市公司的经验证据［J］．管理世界，2010（11）：143－153.

［149］张庆君，李雨霏，毛雪．所有制结构、金融错配与全要素生产率［J］．财贸研究，2016，27（04）：9－15＋23.

［150］张庆君，朱方圆，胡秀雯．融资约束、所有制歧视与金融资源配置效率［J］．江汉论坛，2015（10）：20－26.

［151］张维迎．所有制、治理结构及委托—代理关系———兼评崔之元和周其仁的一些观点［J］．经济研究，1996（09）：3－15＋53.

［152］张维迎，马捷．恶性竞争的产权基础［J］．经济研究，1999（06）：3－5.

［153］张玉苗．区域金融资源配置效率经验研究——基于超效率DEA－Tobit模型的分析［J］．财经问题研究，2017（04）：122－128.

［154］郑军，林钟高，彭琳．金融发展、内控质量与银行贷款——来自中国上市公司的经验证据［J］．财贸研究，2013，24（06）：142－151.

［155］支燕，白雪洁，邓忠齐．资本约束、效率激励与所有制歧视——中国金融发展对企业价值提升的有效性研究［J］．财贸研究，2014，25（01）：116－124.

［156］周德友．制度环境、盈余管理与信贷融资［J］．宏观经济研究，2015（03）：120－133.

[157] 周黎安，赵鹰妍，李力雄．资源错配与政治周期［J］．金融研究，2013（03）：15－29.

[158] 周学．论股份制企业的产权结构及其发展趋势———兼论我国股份制改革何以成效不显著［J］．管理世界，1997（01）：117－127.

[159] 周业安．产品市场与金融市场的战略互动与经济增长［J］．中国工业经济，2005（02）：21－28.

[160] 朱博文，张钰，曹廷求．货币政策与银行贷款行为——基于公司与银行的双向视角研究［J］．财贸经济，2013（12）：57－67.

[161] 朱莉妍．信贷资源配置、政府干预与银行绩效的研究［D］．浙江大学，2017.

[162] 朱太辉，魏加宁，刘南希，赵伟欣．如何协调推进稳增长和去杠杆？——基于资金配置结构的视角［J］．管理世界，2018，34（09）：25－32＋45.

[163] Adamopoulos, T., Brandt, L., Leight, J., et al. Misallocation, Selection and Productivity: A Quantitative Analysis with Panel Data from China [R]. NBER Working Publishing, No. 23039, 2017.

[164] Allen, F., Qian, J., Qian, M. Law, Finance, and Economic Growth in China [J]. Journal of Financial Economics, 2005, 77 (1): 57－116.

[165] Aoki, S. A Simple Accounting Framework for the Effect of Resource Misallocation on Aggregate Productivity [J]. Journal of the Japanese & International Economies, 2012, 26 (4): 473－494.

[166] Aziz, J., Duenwald, C. Growth－Finance Intermediation Nexus in China [R]. IMF Working Paper, 2002, 02 (194).

[167] Battese, G. E., Coelli, T. J. A Model for Technical Inefficiency Effects in a Stochastic Frontier Production Function for Panel Data [J]. Empirical Economics, 1995, 20 (2): 325－332.

[168] Beck, T., Demirguc－Kunt, A., Maksimovic, V. Bank Competition and

Access to Finance: International Evidence [J] . Journal of Money Credit & Banking, 2004, 36 (3): 627 -648.

[169] Bento, P. , Restuccia, D. Misallocation, Establishment Size, and Productivity [J] . American Economic Journal: Macroeconomics, 2017, 9 (3): 267 -303.

[170] Bernanke, B. S. , Blinder, A. S. The Federal Funds Rate and the Channels of Monetary Transmission [J] . American Economic Review. 1992, 82 (4): 901 -921.

[171] Booth, L. , Aivazian, V. , Demirguc - Kunt, A. , et al. Capital Structures in Developing Countries [J] . The Journal of Finance, 2001, 56 (1): 87 -130.

[172] Boyreau - Debray, G. , Wei, S. J. , Pitfalls of a State - Dominated Financial System: The Case of China [R] . NBER Working Paper, No. 11214, 2005.

[173] Busso, M. , Madrigal, L. , Carmen Pagés. Productivity and Resource Misallocation in Latin Americal [J] . The B. E. Journal of Macroeconomics, 2013, 13 (1): 903 -932.

[174] César, Martinelli. Small Firms, Borrowing Constraints, and Reputation [J] . Journal of Economic Behavior & Organization, 1997, 33 (1): 91 -105.

[175] Chang, Tsangyao. Financial Development and Economic Growth in Mainland China: A Note on Testing Demand - following or Supply - leading Hypothesis [J] . Applied Economics Letters, 2002, 9 (13): 869 -873.

[176] Chen, K. C. , Wu, L. , Wen, J. The Relationship between Finance and Growth in China [J] . Journal of International Financial Markets Institutions & Money, 2013, 24 (1): 1 -12.

[177] Cull, R. , Xu, L. C. Why Get Credit? The Behavior of Bureaucrats and State Banks in Allocating Credit to Chinese State - Owned Enterprises [J] . Journal of Development Economics, 2003, 71 (2): 533 -559.

[178] Cull, R. , Xu, L. C. Bureaucrats, State Banks, and the Efficiency of Credit Allocation: The Experience of Chinese State - Owned Enterprises [J] . Journal

of Comparative Economics, 2000, 28 (1): 1-31.

[179] Cull, R., Xu, L. C. Institutions, Ownership, and Finance: The Determinants of Profit Reinvestment Among Chinese Firms [J]. Journal of Financial Economics, 2005, 77 (1): 117-146.

[180] Demirguc - Kunt, A., Maksimovic, V. Financial Constraints, Uses of Funds and Firm Growth: An International Comparison [R]. The World Bank, Policy Research Working Paper, 1999.

[181] Dewatripont, M., Maskin, E. Contractual Contingencies and Renegotiation [J]. Rand Journal of Economics, 1995, 26 (4): 704-719.

[182] Diamond, D. W. Monitoring and Reputation: The Choice between Bank Loans and Directly Placed Debt [J]. Journal of Political Economy, 1991, 99 (4): 689-721.

[183] Dinç, I. S. Politicians and banks: Political Influences on Government - owned Banks in Emerging Markets [J]. Journal of Financial Economics, 2005, 77 (2): 453-479.

[184] Disli, M., Schoors K., Meir J. Political Connections and Depositor Discipline [J]. 2012 (6): 1-41.

[185] Drakos, K., Giannakopoulos, N. On the Determinants of Credit Rationing: Firm - level Evidence from Transition Countries [J]. Journal of International Money & Finance, 2011, 30 (8): 1773-1790.

[186] Faccio, M. Politically Connected Firms [J]. American Economic Review, 2006, 96 (1): 369-386.

[187] Faccio, M., Masulis, R. W., Mcconnell, J. J. Political Connections and Corporate Bailouts [J]. The Journal of Finance, 2006, 61 (6): 2597-2635.

[188] Fried, J., Howitt, P. Credit Rationing and Implicit Contract Theory [J]. Journal of Money, Credit and Banking, 1980, 12 (3): 471-487.

[189] Fuerst, T. S. Optimal Monetary Policy in a Cash - in - Advance Economy

[J] . Economic Inquiry, 1994, 32 (4): 582 -596.

[190] Galbraith, C. S, Merrill, G. B. The Politics of Forecasting: Managing the Truth [J] . California management review, 1996, 38 (2): 29 -43.

[191] Garcíaherrero, A. , Gavilά, S. , Santabάrbara, D. China's Banking Reform: An Assessment of its Evolution and Possible Impact [J] . Occasional Papers, 2005, 52 (2): 304 -363.

[192] Giannetti, M. Do Better Institutions Mitigate Agency Problems? Evidence from Corporate Finance Choices [J] . Journal of Financial & Quantitative Analysis, 2003, 38 (1): 185 -212.

[193] Gongmeng, Chen, Michael, et al. Does The Type Of Ownership Control Matter? Evidence From China's Listed Companies [J] . Journal of Banking & Finance, 2009, 33 (1): 171 -181.

[194] Greenwald, B. C, Stiglitz, J. E. Macroeconomic Models with Equity and Credit Rationing [J] . Asymmetric Information Corporate Finance & Investment, 1990 (1): 15 -42.

[195] Guiso, L. , Sapienza, P. , Zingales, L. Does Local Financial Development Matter? [J] . Quarterly Journal of Economics, 2004, 119 (3): 929 -969.

[196] Hasan, I. , Kobeissi, N. , Wang, H. , et al. Banking Structure, Marketization, and Small Business Development: Regional Evidence From China [J] . Pacific Economic Review, 2015, 20 (3): 487 - 510.

[197] Hopenhayn, H. A. Firms, Misallocation, and Aggregate Productivity: A Review [J] . Social Science Electronic Publishing, 2014, 6 (1): 735 -770.

[198] Hsieh, C. T. , Klenow, P. J. Misallocation and Manufaturing TFP in China and India [J] . The Quarterly Journal of Economics, 2009, 124 (4); 1403 - 1448.

[199] I. Serdar Dinç. Politicians and banks: Political Influences on Government -owned Banks in Emerging Markets [J] . Journal of Financial Economics, 2005, 77

(2): 453 - 479.

[200] Jappelli, T., Pagano, M., Bianco, M. Courts and Banks: Effects of Judicial Enforcement on Credit Markets [J]. Journal of Money Credit & Banking, 2005, 37 (2): 223 - 244.

[201] Jeanneney, S. G., Kpodar, K. Financial Development, Financial Instability, and Economic Growth [J]. Economie Et Prevision, 2006, 174 (3): 87 - 111.

[202] Kashyap, A. K., Stein, J. C. What Do a Million Observations on Banks Say About the Transmission of Monetary Policy? [J]. American Economic Review, 2000. 90 (3): 407 - 428.

[203] La Porta, R. Law and finance [J]. Journal of Political Economy, 1998, 106 (6): 1113 - 1155.

[204] La Porta, R., Lopez - De - Silanes, F., Shleifer, A., et al. Legal Determinants of External Finance [J]. Journal of Finance, 1997, 52 (3): 1131 - 1150.

[205] Loren, Brandt, et al. Bank Discrimination in Transition Economies: Ideology, Information, or Incentives? [J]. Journal of Comparative Economics, 2003, 31 (3): 387 - 413.

[206] Loury, G. C. Discrimination in the Post - Civil Rights Era: Beyond Market Interactions [J]. Journal of Economic Perspectives, 1998, 12 (2): 117 - 126.

[207] Lu, S. F, Yao, Y. The Effectiveness of Law, Financial Development, and Economic Growth in an Economy of Financial Repression: Evidence from China [J]. World Development, 2009, 37 (4): 763 - 777.

[208] Lu, Z., Zhu, J., Zhang, W. Bank Discrimination, Holding Bank Ownership, and Economic Consequences: Evidence from China [J]. Journal of Banking & Finance, 2012, 36 (2): 341 - 354.

[209] Manganelli, S., Popov A. Financial Development, Sectoral Reallocation, and Volatility: International Evidence [J]. Journal of International Economics, 2015,

96 (2): 323 – 337.

[210] Mckinnon, R. I., Washington Brookings Institution. Money and Capital in Economic Development [J]. American Journal of Agricultural Economics, 1974, 56 (1): 201.

[211] Mian, A. R., Khwaja, A. I. Do Lenders Favor Politically Connected Firms? Rent Provision in an Emerging Financial Market [J]. Social Science Electronic Publishing, 2005, 120 (4): 1371 – 1411.

[212] Mishkin, F. S. Symposium on the Monetary Transmission Mechanism [J]. Journal of Economic Perspectives, 1995, 9 (4): 3 – 10.

[213] Mitton, T. Why Have Debt Ratios Increased for Firms in Emerging Markets? [J]. European Financial Management, 2008, 14 (1): 127 – 151.

[214] Moro, A., Fink, M., Maresch, D. Reduction in Information Asymmetry and Credit Access for Small and Medium – Sized Enterprises [J]. Journal of Financial Research, 2015, 38 (1): 121 – 143.

[215] North, D. C. Institutions, Institutional Change and Economic Performance [M]. Cambridge: Cambridge University Press, 1990.

[216] Oberfield, E. Productivity and Misallocation during a Crisis: Evidence from the Chilean Crisis of 1982 [J]. Review of Economic Dynamics, 2013, 16 (1): 100 – 119.

[217] Pang, J., Wu, H. Financial Markets, Financial Dependence, and the Allocation of Capital [J]. Journal of Banking and Finance, 2009, 33 (5): 810 – 818.

[218] Parker, E. S. China's Last Steps across the River: Enterprise and Banking Reforms (review) [J]. China Review International, 2002, 9 (2): 443 – 448.

[219] Porta, R. L., Shleifer, A. Government Ownership of Banks [J]. Journal of Finance, 2002, 57 (1): 265 – 301.

[220] Qian, J., Strahan, P. E. How Laws and Institutions Shape Financial Contracts: The Case of Bank Loans [J]. The Journal of Finance, 2007, 62 (6):

2803 –2834.

[221] Rajan, R. G. Insiders and Outsiders: The Choice between Informed and Arm's – Length Debt [J]. The Journal of Finance, 1992, 47 (4): 1367 –1400.

[222] Rajan, R. G., Zingales, L. Financial Dependence and Growth [J]. Social Science Electronic Publishing, 1998, 88 (3): 559 –586.

[223] Raymond W. Goldsmith. Financial Strulture and Development [M]. New Hacen: Yale University Press, 1969.

[224] Restuccia, D., Rogerson, R. Misallocation and Productivity [J]. Review of Economic Dynamics, 2013, 16 (1): 1 –10.

[225] Roosa, R. V. Interest Rates and the Central Bank [J]. Money, Trade and Economic Growth, 1951: 270 –295.

[226] Russell, J. T. Imperfect Information, Uncertainty, and Credit Rationing [J]. The Quarterly Journal of Economics, 1976, 90 (4): 651 –666.

[227] Sandleris, G., Wright, M. L. J. The Costs of Financial Crises: Resource Misallocation, Productivity and Welfare in the 2001 Argentine Crisis [J]. Scandinavian Journalof Economics, 2014, 116 (1): 87 –127.

[228] Shen, C. H., Lin, C. Y. Political Connections, Financial Constraints, and Corporate Investment [J]. Review of Quantitative Finance and Accounting, 2016, 47 (2): 343 –368.

[229] Shleifer, A., Vishny, R. W. Liquidation Values and Debt Capacity: A Marlet Equilibrium Approach [J]. The Journal of Finance, 1992, 47 (4): 1343 –1366.

[230] Stiglitz, J. E., Weiss, A. Credit Rationing in Markets with Incomplete Information [J]. American Economic Review, 1981, 71 (3): 393 –405.

[231] Wette, H. C., Collateral in Credit Rationing in Markets with Imperfect Information: Note [J]. American Economic Review, 1983, 73 (3): 442 –445.

[232] Williamson, S. D. Costly Monitoring, Financial Intermediation, and Equi-

librium Credit Rationing [J] . Journal of Monetary Economics, 1986, 18 (2): 159 – 179.

[233] Wurgler, J. Financial Markets and the Allocation of Capital [J] . Journal of Financial Economics, 2001, 58 (1): 187 – 214.

[234] Ying, G., Qiu, J. Financial Development, Bank Discrimination and Trade credit [J] . Journal of Banking & Finance, 2007, 31 (2): 513 – 530.

[235] Zheng, J., Liu, X., Bigsten, A. Ownership Structure and Determinants of Technical Efficiency: An Application of Data Envelopment Analysis to Chinese Enterprises (1986 – 1990) [J] . Journal of Comparative Economics, 1998, 26 (3): 465 – 484.

[236] Zhou, W. Regional Institutional Development, Political Connections, and Entrepreneurial Performance in China's Transition Economy [J] . Small Business Economics, 2014, 43 (1): 161 – 181.

附　录

附录 A　商业银行信贷配置决策表部分内容

附表 A-1　银行信贷配置决策影响因素

<table>
<tr><td colspan="2">上报单位</td><td></td><td>客户经理</td><td></td></tr>
<tr><td colspan="2">联系电话/手机</td><td></td><td>传真</td><td></td></tr>
<tr><td colspan="5">客户信息</td></tr>
<tr><td colspan="5">借款人名称：（以下简称：“　”）</td></tr>
<tr><td colspan="2">客户性质</td><td colspan="3">[ ] 存量客户　[ ] 新授信客户</td></tr>
<tr><td colspan="2" rowspan="4">企业性质</td><td colspan="3">[ ] 行政机关　[ ] 事业单位　[ ] 合伙企业　[ ] 上市央企</td></tr>
<tr><td colspan="3">[ ] 央企　[ ] 地方国企　[ ] 上市地方国企　[ ] 民营企业</td></tr>
<tr><td colspan="3">[ ] 上市民营企业　[ ] 外资企业　[ ] 中外合资经营企业</td></tr>
<tr><td colspan="3">[ ] 中外合作经营企业　[ ] 其他</td></tr>
<tr><td rowspan="3">存量客户信用总量变化</td><td>敞口授信总量</td><td colspan="3">[ ] 增加　[ ] 维持存量　[ ] 压缩</td></tr>
<tr><td>非敞口授信总量</td><td colspan="3">[ ] 增加　[ ] 维持存量　[ ] 压缩</td></tr>
<tr><td>非授信总量</td><td colspan="3">[ ] 增加　[ ] 维持存量　[ ] 压缩</td></tr>
<tr><td rowspan="2">有无新增单笔业务</td><td>项目贷款</td><td>[ ] 有　[ ] 无</td><td>客户所属行业</td><td></td></tr>
<tr><td>理财项目</td><td>[ ] 有　[ ] 无</td><td>行业授信投向分类</td><td></td></tr>
<tr><td colspan="2">是否为集团客户</td><td>[ ] 是　[ ] 否</td><td>所属集团名称（如有）</td><td></td></tr>
<tr><td colspan="2">集团授信限额（如有）</td><td></td><td>客户切分限额</td><td></td></tr>
<tr><td colspan="2">客户在我行地位</td><td colspan="3">[ ] 全球战略客户　[ ] 总行级客户 [ ] 分行级客户 [ ] 其他</td></tr>
<tr><td colspan="2">外部机构评级</td><td colspan="3">（填写具体评级机构名称、时间和评级）</td></tr>
<tr><td colspan="2">最近两期内部信用评级</td><td colspan="3">（填写具体评级时间和评级）</td></tr>
<tr><td colspan="2">客户在我行历史履约记录</td><td></td><td>客户在人行信贷系统信用记录情况</td><td></td></tr>
</table>

<table>
<tr><td colspan="9">授信申请方案及变化情况（万元）</td></tr>
<tr><td colspan="3">本次申请信用总量金额</td><td colspan="2"></td><td colspan="2">较上年度/上次增减额</td><td colspan="2"></td></tr>
<tr><td>总量分项</td><td>业务品种</td><td>金额</td><td>较上年增减</td><td>期限</td><td>用途</td><td>利率</td><td>本次申请担保条件</td><td>上次批复担保条件</td></tr>
<tr><td rowspan="6">敞口授信总量</td><td>流动资金贷款</td><td></td><td></td><td></td><td></td><td></td><td></td><td></td></tr>
<tr><td>中长期固定资产贷款</td><td></td><td></td><td></td><td></td><td></td><td></td><td></td></tr>
<tr><td>项目贷款</td><td></td><td></td><td></td><td></td><td></td><td></td><td></td></tr>
<tr><td>贸易融资额度</td><td></td><td></td><td></td><td></td><td></td><td></td><td></td></tr>
<tr><td>……</td><td></td><td></td><td></td><td></td><td></td><td></td><td></td></tr>
<tr><td>合计</td><td></td><td></td><td></td><td></td><td></td><td></td><td></td></tr>
<tr><td rowspan="4">非敞口授信总量</td><td>低信用风险业务</td><td></td><td></td><td></td><td></td><td></td><td></td><td></td></tr>
<tr><td>类低信用风险业务</td><td></td><td></td><td></td><td></td><td></td><td></td><td></td></tr>
<tr><td>……</td><td></td><td></td><td></td><td></td><td></td><td></td><td></td></tr>
<tr><td>合计</td><td></td><td></td><td></td><td></td><td></td><td></td><td></td></tr>
<tr><td rowspan="4">非授信总量</td><td>标类资产理财专项额度</td><td></td><td></td><td></td><td></td><td></td><td></td><td></td></tr>
<tr><td>非标类资产理财专项额度</td><td></td><td></td><td></td><td></td><td></td><td></td><td></td></tr>
<tr><td>债券承销存续专项额度</td><td></td><td></td><td></td><td></td><td></td><td></td><td></td></tr>
<tr><td>……</td><td></td><td></td><td></td><td></td><td></td><td></td><td></td></tr>
<tr><td>总计</td><td>合计</td><td></td><td></td><td></td><td></td><td></td><td></td><td></td></tr>
<tr><td>授信方案说明</td><td colspan="8"></td></tr>
</table>

资料来源：某国有大型商业银行的制造业信贷决策报表部分内容。

附表 A－2　某国有大型商业银行的借款人财务审核表

<table>
<tr><td>财务报表审计情况</td><td colspan="3">报表是否经过审计，审计意见如何。对未经审计或审计意见并非“无保留”的财务报表，应做出说明，并对财务情况重点分析。</td></tr>
<tr><td>财务状况说明</td><td colspan="3">对借款人近三年的财务指标进行评价和比较分析，主要包括：长、短期偿债能力分析；盈利能力分析；营运能力分析；现金流量分析；关联交易分析。</td></tr>
<tr><td>重点科目说明</td><td colspan="3">其他应收款、其他应付款；应收账款、应付账款；长期股权投资等，如金额较大，需详细说明。</td></tr>
<tr><td rowspan="5">存货科目
单独说明</td><td>种类</td><td>金额</td><td>占比</td></tr>
<tr><td>原材料</td><td></td><td></td></tr>
<tr><td>在产品</td><td></td><td></td></tr>
<tr><td>产成品</td><td></td><td></td></tr>
<tr><td>合计</td><td></td><td></td></tr>
<tr><td>所有者权益
科目单独说明</td><td colspan="3">说明资本公积和未分配利润情况，以及借款人分红政策对未分配利润科目可能产生的影响。</td></tr>
<tr><td>变化幅度较大科目或金额绝对额较大科目单独说明</td><td colspan="3">与上一年相比变动幅度较大的科目，或变化幅度不大，但金额绝对额较大的科目，需在评估报告中深入分析。</td></tr>
<tr><td>或有负债说明</td><td colspan="3">说明企业对外担保等或有负债情况。</td></tr>
<tr><td>其他需要
说明的内容</td><td colspan="3">如对外投资、存货变动、折旧方式、重大会计事项变更、税收政策等。并对借款人整体财务风险做评价。</td></tr>
</table>

附录 B 民营企业和国有企业信贷资源配置对比数据

附表 B－1 2002～2017 年民营企业和国有企业的资产负债率

单位：%

企业类型	2002 年	2003 年	2004 年	2005 年	2006 年	2007 年	2008 年	2009 年	2010 年	2011 年	2012 年	2013 年	2014 年	2015 年	2016 年	2017 年
民营企业	57.84	60.78	50.64	52.06	51.64	48.17	45.77	42.50	35.27	33.87	35.29	37.41	38.01	37.40	37.19	39.29
国有企业	50.85	51.43	47.88	50.21	51.10	50.54	51.37	51.96	51.46	52.14	52.05	52.39	52.09	50.65	49.98	49.22
所有企业	51.82	52.74	48.61	50.70	51.27	49.72	49.28	48.11	43.54	41.96	42.32	43.69	43.62	42.29	41.93	42.96

注：根据 Wind 数据库整理和计算所得。

附表 B－2 2002～2017 年国有企业和民营企业短期借款规模

单位：亿元

企业类型	2002 年	2003 年	2004 年	2005 年	2006 年	2007 年	2008 年	2009 年	2010 年	2011 年	2012 年	2013 年	2014 年	2015 年	2016 年	2017 年
民营企业	4.06	4.13	3.67	3.58	3.69	3.51	3.45	3.22	3.15	3.81	4.02	4.90	5.28	5.91	6.77	8.94
国有企业	3.16	3.48	4.88	5.43	6.36	8.22	9.92	10.55	11.68	14.01	15.87	16.71	17.29	18.00	18.52	21.27
所有企业	3.28	3.57	4.57	4.93	5.54	6.59	7.51	7.56	7.51	8.31	9.00	9.84	10.06	10.37	11.12	13.49

注：短期借款是指企业短期借款的均值，国有企业短期借款＝国有企业短期借款总规模/国有企业数量，民营企业短期借款＝民营企业短期借款总规模/民营企业数量。根据 Wind 数据库整理和计算所得。

附表 B-3　2002~2017 年国有企业和民营企业长期借款规模

单位：亿元

企业类型	2002 年	2003 年	2004 年	2005 年	2006 年	2007 年	2008 年	2009 年	2010 年	2011 年	2012 年	2013 年	2014 年	2015 年	2016 年	2017 年
民营企业	0.27	0.41	0.95	1.09	1.48	1.53	1.53	1.9	1.86	1.91	2.14	3.00	3.26	3.61	5.22	6.20
国有企业	1.30	1.27	3.56	4.29	5.85	7.86	9.92	13.33	14.75	15.84	16.50	18.39	19.95	21.12	21.59	22.93
所有企业	1.15	1.15	2.87	3.43	4.50	5.67	6.79	8.69	8.45	8.08	8.16	9.45	9.92	10.07	11.29	12.38

注：长期借款是指企业长期借款的均值，国有企业长期借款 = 国有企业长期借款总规模/国有企业数量，民营企业长期借款 = 民营企业长期借款总规模/民营企业数量。根据 Wind 数据库整理和计算所得。

附表 B-4　2004~2017 年国有企业和民营企业人均借款规模

单位：万元

企业类型	2004 年	2005 年	2006 年	2007 年	2008 年	2009 年	2010 年	2011 年	2012 年	2013 年	2014 年	2015 年	2016 年	2017 年
民营企业	75.27	88.28	71.83	67.31	61.01	59.93	43.82	52.93	41.12	42.79	46.55	49.64	53.77	62.38
国有企业	105.93	90.20	120.81	119.36	140.80	125.10	143.59	132.05	93.03	105.60	100.37	106.33	92.34	93.40
所有企业	97.87	89.68	105.76	101.35	111.01	98.60	94.80	87.93	62.91	69.11	68.00	70.54	68.08	73.86

注：根据 Wind 数据库整理和计算所得。

附表 B-5　2002~2017 年国有企业和民营企业长期负债比率

单位:%

企业类型	2002 年	2003 年	2004 年	2005 年	2006 年	2007 年	2008 年	2009 年	2010 年	2011 年	2012 年	2013 年	2014 年	2015 年	2016 年	2017 年
民营企业	1.36	2.93	4.17	4.32	4.44	4.56	3.87	4.42	3.3	2.68	2.61	2.84	2.87	2.77	2.93	3.26
国有企业	4.61	4.05	5.99	6.27	6.77	6.49	6.97	8.36	8.23	7.48	7.11	7.28	6.83	6.9	6.13	6.28
所有企业	4.16	3.9	5.51	5.75	6.06	5.82	5.81	6.76	5.82	4.8	4.5	4.7	4.45	4.29	4.12	4.37

注：根据 Wind 数据库整理和计算所得。

附表 B-6 2002~2017 年国有企业和民营企业债务期限结构

单位:%

企业类型	2002 年	2003 年	2004 年	2005 年	2006 年	2007 年	2008 年	2009 年	2010 年	2011 年	2012 年	2013 年	2014 年	2015 年	2016 年	2017 年
民营企业	3.9	7.93	16	17	18.1	21.3	19.6	23.6	23.7	19.4	19.9	19.8	20.7	21.3	24.1	23.9
国有企业	22.2	20	24.8	24.6	27.2	26.7	28.4	35.4	37.1	34.3	33.9	34.8	35.1	35.1	36.6	37
所有企业	19.6	18.3	22.5	22.6	24.4	24.9	25.2	30.8	31.1	26.7	26.4	26.6	26.9	26.8	29	28.9

注：根据 Wind 数据库整理和计算所得。

附表 B-7 2002~2017 年国有企业和民营企业融资成本

单位:%

企业类型	2002 年	2003 年	2004 年	2005 年	2006 年	2007 年	2008 年	2009 年	2010 年	2011 年	2012 年	2013 年	2014 年	2015 年	2016 年	2017 年
民营企业	1.996	1.930	2.444	2.616	2.522	2.440	2.782	1.700	1.570	1.542	1.609	1.589	1.699	1.468	1.294	1.685
国有企业	2.114	1.802	1.840	1.935	1.939	1.862	2.014	1.508	1.372	1.448	1.724	1.568	1.749	1.768	1.529	1.595
所有企业	2.103	1.812	1.928	2.027	2.023	1.940	2.110	1.532	1.402	1.466	1.700	1.573	1.736	1.678	1.449	1.628

注：根据 Wind 数据库整理和计算所得。

附录C 关于民营企业发展和融资的部分举措和文件

1. 2019年2月14日，中共中央办公厅、国务院办公厅印发《关于加强金融服务民营企业的若干意见》，加大金融政策支持力度，着力提升对民营企业金融服务的针对性和有效性；强化融资服务基础设施建设，着力破解民营企业信息不对称、信用不充分等问题；完善绩效考核和激励机制，着力疏通民营企业融资堵点；积极支持民营企业融资纾困，着力化解流动性风险并切实维护企业合法权益。

2. 2019年2月25日，《中国银保监会关于进一步加强金融服务民营企业有关工作的通知》（银保监发〔2019〕8号）指出，要持续优化金融服务体系、抓紧建立“敢贷、愿贷、能贷”的长效机制、公平精准有效开展民营企业授信业务、着力提升民营企业信贷服务效率、着力提升民营企业信贷服务效率、推动完善融资服务信息平台、处理好支持民营企业发展与防范金融风险的关系、加大对金融服务民营企业的监管督查力度。

3. 2019年2月23日，《习近平：深化金融供给侧结构性改革，增强金融服务实体经济能力》指出，要深化对国际国内金融形势的认识，正确把握金融本质，深化金融供给侧结构性改革，平衡好稳增长和防风险的关系，精准有效处置重点领域风险，深化金融改革开放，增强金融服务实体经济能力，坚决打好防范化解包括金融风险在内的重大风险攻坚战，推动我国金融业健康发展。

4. 2018年12月19日，中国人民银行决定创设定向中期借贷便利，定向支持金融机构向小微企业和民营企业发放贷款。

5. 2018年11月9日，李克强主持召开国务院常务会议，要求加大金融支持缓解民营企业特别是小微企业融资难融资贵等。

6. 2018 年 11 月 1 日，《习近平：在民营企业座谈会上的讲话》指出，要充分肯定我国民营经济的重要地位和作用、正确认识当前民营经济发展遇到的困难和问题、大力支持民营企业发展壮大，要解决民营企业融资难融资贵问题、营造公平竞争环境等。

7. 2018 年 10 月 22 日，中国人民银行引导设立民营企业债券融资支持工具，稳定和促进民营企业债券融资，毫不动摇支持民营经济发展。

8. 2018 年 10 月 20 日，《习近平给“万企帮万村”行动中受表彰的民营企业家的回信》强调，支持民营企业发展，是党中央的一贯方针，这一点丝毫不会动摇。

9. 2018 年 9 月 27 日，习近平在辽宁考察期间重申“两个毫不动摇”，让大家稳定心思干实业谋创新。强调“改革开放以来，党中央始终关心支持爱护民营企业。我们毫不动摇地发展公有制经济，毫不动摇地鼓励、支持、引导、保护民营经济发展”。

10. 2018 年 9 月 19 日，人民银行召开民营企业金融服务座谈会，强调“改进民企融资服务，支持民营经济发展”。

11. 2018 年 9 月 14 日，中共中央办公厅、国务院办公厅印发《关于加强国有企业资产负债约束的指导意见》指出，积极推进混合所有制改革，鼓励国有企业通过出让股份、增资扩股、合资合作等方式引入民营资本。